SHODENSHA SHINSHO

自分マーケティング

——一点突破で「その他大勢」から抜け出す

川上徹也

JN231192

祥伝社新書

はじめに

この本を手に取ってくれたあなた。

もしあなたが、周囲からの評価に満足していて、自分の将来に1ミリも不安がないのであれば、本書は必要ありません。わざわざ「自分マーケティング」などする必要がないからです。

ただ、もしあなたが、今までの仕事人生に何らかの「もやもやする気持ち」があり、もっと周囲から評価され一目《いちもく》置かれるような存在になりたいと心から願っているならば、ぜひ読んでみてください。

それを実現するためのヒントが書かれているはずです。

また、もしあなたの心に、時折「このままの働き方でいいのだろうか？」という疑問がよぎったり、自分の将来のキャリアについて不安がすこしでもあったりするならば、ぜひ読んでほしい。

今日から具体的に何をすれば、その疑問や不安が軽減するかが書かれているからです。

今では揺《ゆ》るぎない地位や評価を確立している人物であっても、最初に世の中に出た時には、一点突破で「その他大勢」から抜け出す瞬間がありました。そのために必要なのが、「自分マーケティング」です。

本書では、有名無名を問わず多くの人たちの「自分マーケティング」術を紹介します。

カバーに登場したマンガ『ゴルゴ13』のデューク東郷もしかりです。フィクションの世界のなかですが、すごい「自分マーケティング」をしています。さらに言えば、『ゴルゴ13』という作品自体も、時代に合わせて「マーケティング」し続けていることで、読者から熱い支持を受け続けています。これらは、第2章で詳しくお伝えします。

この本を読み始めたあなたは、勉強熱心で自分の能力を磨《みが》くことに余念がないはず。自分の潜在的な能力には自信がある。年齢がいくつであっても、まだまだ自分はこんなものではないと思っているはずです。

しかし、会社や得意先などからは「その他大勢」としか見なされていない。表《おもて》だって見下された態度を取られることはなくても、自分ではそれを感じる。ふだんはわからなくても、ここぞという時にそう感じることもあるでしょう。その悔《くや》しさは痛いほどわかります。私自身がずっとそうだったから。

なんとか「その他大勢」を抜け出し、一目置かれるような人間になりたい。

本書は、そんなあなたに向けて、「あなた自身の価値」を高めるヒントを、有名無名を問わず、さまざまな人の事例とともに書いたものです。

あなたが今、いくつであってもかまいません。

あなたが会社員であっても、独立していても使えます。

将来的に転職や独立などを考えている人にとっても有効です。

定年後の人生を模索している人にとっても大きなヒントになるでしょう。


私の仕事は、「言葉と物語の力を使って企業や団体を輝《かがや》かせる＝ストーリーブランディング」がメインですが、最近、個人の方からキャリアの相談を受けるケースも多くなっています。

相談に来られる方のなかには、有名企業に勤務しバリバリ仕事をしてまわりからは順《じゅん》風満帆《ぷうまんぱん》な仕事人生を送っているように見えるのに、実は大きな閉塞《へいそく》感を抱《かか》えているというケースも珍しくありません。

そんな方々の話をうかがったうえで、「こんな切り口や方向性で自分をマーケティングしていけば？」というヒントを提示すると、顔がぱっと輝きます。それなりのキャリアを積まれている方たちなので、突破するヒントさえあれば、道は見えるのです。

本書は、このような「自分の仕事人生に何らかの閉塞感を抱えている人」のためのヒント集として書きました。

「自分マーケティング」というタイトルですが、マーケティング用語はほとんど出てきません。新書ということもあり、あえて理屈も少なくしました。

1冊を通じて語っていることはシンプルです。

まず何か「一点突破」で旗を揚《あ》げ、その一点で周囲から認知してもらおう。

自分が本当にやりたいことは、そこから広げていけばいい。

そして、「自分の商品価値」をさらに高める行動に移る。

正攻法というより、「奇襲」の手引きです。しかもカッコいい方法ではなく、泥《どろ》くさい方法ばかり。

それでも、あなたが「自分の人生に何か役立つヒントが書かれているかも」と思ってくださるのであれば、ぜひ読み進めてください。ランチ1回分の値段で、あなたの人生が変わるきっかけになるかもしれません。

2018年11月

川上徹也

目次

第1章

自分の商品価値を知っていますか？

第2章

なぜ、あの人は「一点突破」できたのか?

第3章

あなたが「一点突破」する方法

第4章

あなたの価値を高める「三種の神器」

編集協力　中山求仁子

序章

なぜ、あなたに「自分マーケティング」が必要なのか？

●99%の凡人のための戦略

なぜ、あなたは、「自分マーケティング」をする必要があるのでしょうか？

そうしないと誰もあなたの存在に気づいてくれないからです。

誰も「あなたという商品」を買ってくれないからです。

世の中には、天才や圧倒的な才能を持つ人がいます。彼らのことを、周囲は放っておきません。マーケティングや、自分を売り込むための方向性などを考えなくても、自然と注目され、評価を得ます。

また、さほど才能はなくても、自分の思ったことに突き進み、まわりを巻き込める不思議な魅力のある人もいます。そんな人もマーケティングは必要ありません。その魅力に吸いよせられるように人が集まってくるからです。

このように「自分マーケティング」などしない人のほうが圧倒的にカッコいい。商品で言えば、「自分が作りたいものを作ったら勝手に売れていきました」というようなものです。

そうあることが理想です。

でもそんな人、どれくらいの割合でいるでしょうか？　もちろん統計を取ったわけではありませんが、感覚的にはせいぜい1％くらいでしょう。

それ以外の99％は、凡人です。

この本を読んでいるあなたも、そして私も99％側《がわ》です。

若い時はそれをなかなか認めたくないものです。私もそうでした。自分には特別な才能があると思い、マーケティングなんかしなくても勝手に世の中に出ていけるものだと思っていました。しかし30歳を過ぎたあたりからそうでないことに気づきました。

自分が凡人だと気づく年齢は人さまざまです。その凡庸《ぼんよう》さに気づいた時が、「自分マーケティング」を始める時なのです。

何歳であっても遅すぎることはありません。

凡人はマーケティングをして何とか自分の価値を知ってもらう必要があります。そうしないとあなたが「売れる」ことはまずありません、多くの商品にマーケティングが必要なように。

私は現在、国内で30冊以上の書籍を出版し、海外でも16冊が翻訳されていますが、これも「自分マーケティング」をして泥くさく売り込んできた結果です。

「自分マーケティング」は凡人のための、弱者のための、泥くさい戦略なのです。

すこしでも「認められたい」「評価されたい」と思っている人、今の会社で何とか「生き残りたい」と思っている人には必要な戦略です。

●AI失業時代を生き抜く方法

自分はフリーランスではなく、会社員だけど「自分マーケティング」が必要なのか？と思う人もいるでしょう。私はこう考えます。

「会社員だからむしろ必要だ」と。

なぜなら、10年後、20年後に今の会社や社会がどうなっているかなんて誰にもわからないからです。

2000年代前半、液晶テレビが絶好調で死角がないとまで言われていた家電メーカーが10年もたたずに危機的な状態になり、台湾企業の傘下《さんか》に入った例は記憶に新しいでしょう。逆に1990年代半ば、瀕死《ひんし》状態だったアップルは、2018年現在、株式時価総額で世界一の企業になっています。

そんな先がわからない状況だからこそ、あなたの「ウリ（セールスポイント）」を明確にしておく必要があるのです。

最近、「社内失業」という言葉をよく耳にします。会社にいるのに仕事を任《まか》せてもらえず、仕事がない状態を指す言葉です。これほどつらいことはありません。

2020年代後半には、大量のAI（人工知能）失業時代がやって来るとも言われています。

AIの台頭《たいとう》で、人がしなくてもいい仕事が大量に増えるからです。

そんな時代になればなるほど、自分自身をどのように売っていくかを考えること、つまり「自分マーケティング」が重要になってくるのです。

とはいえ、特に会社員の場合は、露骨にアピールしすぎると逆効果になります。目立ちすぎずに、自分をどう売っていけばいいかを考えるしたたかさも重要です。

独立や転職を考えている方、フリーランスや士業《しぎょう》（弁護士、税理士など）の方であれば、なおさら「自分マーケティング」は重要になってきます。

●「マーケティング」と「ブランディング」の違い

「自分マーケティング」と、世間でよく言われる「セルフブランディング」との違いはなんでしょう？

「セルフブランディング」について語る前に、一般的な「マーケティング」と「ブランディング」の違いについて簡単に説明しておきます。

まず、マーケティングとは「自分（の商品）のイメージを自分から相手に伝える行動」です。自動車会社であれば、消費者に「うちのクルマはこんなにいいですよとアピールする活動」になります。個人の場合は、「自分のよさを自分から相手に伝えていく」イメージです。

いっぽう、ブランディングとは「相手に、自分の商品に対していいイメージを持ってもらう行動」のことです。自動車会社であれば、消費者に「あの会社のクルマだと安心だよねと感じてもらうような活動」です。個人なら「相手が自分のよさを勝手にイメージしてくれるようにする」イメージです。

企業においては「マーケティング」と「ブランディング」はどちらも重要です。一般的に「ブランディング」にはそれなりの時間がかかります。相手からそれなりのイメージを持ってもらうようになるのは、容易ではないからです。

たとえば、「軽自動車」が主体の自動車会社が、消費者に「高級」「安全」などのイメージを持ってもらうブランディング活動を開始しても、それらが浸透するにはかなりの年月がかかるでしょう。

では、個人においてはどうでしょう？

実績のある人ならば、ブランディングは重要になってきますが、まるで実績がなく、世の中にも知られていない人は、ブランディングよりもまずはマーケティングです。

わかりやすいように、タレントで考えてみましょう。

みんなが名前を知っているタレントであれば、「自分がどんなふうに見られているか」ということをコントロールしていく「ブランディング」が重要になってきます。しかし、無名の事務所に所属する無名のタレントが「ブランディング」に躍起《やっき》になっていたとすればどうでしょう？

滑稽《こっけい》なだけですよね？

どう見られるかよりも、まず存在を知ってもらうことが重要だからです。

どうすれば「多くの人に自分の存在を知ってもらえるか？」ということを、考えていくことが「自分マーケティング」の第一歩なのです。

●「セルフブランディング」は鼻につく!?

10年ほど前、「セルフブランディング」がブームになったことがあります。数多くの本も出ました。それ以降も、数年ごとにプチブームになってはまた沈静化するということが繰り返されています。

私は、この「セルフブランディング」という言葉がどうしても好きになれません。なぜなら、「ブランディング」するレベルに達していないのに、自分を「すごそう」に見せることに躍起になっている人が多いように思えるからです。

実際、そうやって「セルフブランディング」に勤《いそ》しむ人を大勢見てきました。

自分がいかにすごい仕事をしているかを盛《も》って語り、有名人との交流や華《はな》やかな生活をブログやSNSで発信するようなイメージです。

もともと能力があった方はうまくいく場合もありますが、そうでない方はやがてメッキが剥《は》げてしまうケースが多いのではないでしょうか？

１００円ショップで売られている商品を、ブランディングすることによって1万円で売ることは一時的には可能かもしれない。でもやがて、みんなにその本当の価値が知られてしまいます。

何より、そうやって自分の人生を盛って語っている姿は痛々しいですし、鼻につくと感じる人も多いでしょう。

もちろん、それで本人が満《み》たされているのであれば、私にとやかく言う権利はありません。ただ、そういう方に限って、売っている商品は「自分のように生きるにはどうしたらいいか？」という情報であることが多いものです。

その答えは結局、「自分のようにセルフブランディングして、周囲から成功しているように見えるよう発信しなさい」というものになります。

本書で紹介する「自分マーケティング」は、そのような虚飾に満ちた「セルフブランディング」とは一線を画《かく》します。

●自分を商品として考え、「価値」を見つける

経営学の泰斗《たいと》ピーター・ドラッカーは、「マーケティングの理想は、販売を不要にすること」と言いました。言葉を換えれば、「わざわざ売り込まなくても、買ってもらえる状態にする」ということです。

確かにそれが理想です。

しかし、そのような状態に持っていくことは難しい。理想は理想として描きながら、日々コツコツと売り込む努力をしていくことが必要です。それは、「あなたという商品」を売る「自分マーケティング」でも同じです。

売り込むためには、まず自分という商品を知る必要があります。

あなたは、自分という商品のことをよくわかっていますか?

「あたりまえだ。自分のことなら自分が一番よくわかっているよ」と言い切れますか?

たくさんの自分についての情報のなかから、本当の自分の強みや弱みを取り出して理解できているかというと、おそらく99%の人が自分のことを一番知らないのではないでしょうか?

ドラッカーも、「誰でも自分の強みについてはよく知っていると思っている。だが、たいていは間違っている。わかっているのはせいぜい弱みである。それさえ間違っていることが多い」と言っています。

まずは、自分を商品に見立てて、冷静に分析してみることから始めてみましょう。マーケット（お客さん）の立場に立って、どんな商品が求められているかを分析し、自分のなかにそうした商品の要素があるか、近づけることができないか、と突き合わせてみるのです。

あなたにとって「お客さん」とは誰でしょう？　社内ですか？　直属の上司？　クライアント？　フリーランスならば、仕事の取引先？　業界？　市場？

そうしたお客さんに、あなたは求められる商品ですか？　どれくらいの市場価値がありそうですか？　また、誰かの役に立っているでしょうか？

「自分マーケティング」とは、自分という商品のどこをどうすれば、もっと売れるようになるのか、を「見極《みきわ》める」ことなのです。つまり、自分を客観的にとらえて、その商品価値を見定める。

一言で言えば、「自分の価値を知る」ということなのです。

あなたは自分を商品に見立てることに、抵抗があるかもしれません。求められていることと、自分がやりたいこと・できることは違うかもしれません。

それでも、客観的に商品としての自分を見つめてみることは大事なことです。

さきほど言ったように、自分の価値を、具体的に市場のニーズとすり合わせる作業でもあるからです。つまり、99％の凡人であり、自分を知らない人間にとっての大事な武器なのです。

●50歳になったら、答えられなければならない質問

「自分マーケティング」とは結局、次の問いを突き詰めることにほかなりません。

あなたは、何によって憶えられたいのか？

実は、これもドラッカーが残している言葉です。

私が一三歳のとき、宗教の先生が「何によって憶えられたいかね」と聞いた。誰も答えられなかった。すると、「答えられると思って聞いたわけではない。でも五〇になっても答えられなければ、人生を無駄に過ごしたことになるよ」といった。

（P・F・ドラッカー著、上田惇生訳『ドラッカー名著集4　非営利組織の経営』）

現在のあなたは、きちんと憶えてほしい言葉で憶えられているでしょうか？

人が一度に記憶できるのはせいぜい15文字程度だと言われています。

あなたのセールスポイントを15文字以内で表現できているでしょうか？

もし、すこしでも不安があるのであれば、本書を通じて、それがどのような言葉で、どうすれば憶えてもらえるのかを考えていきましょう。読み進めていくうちに、あなたが自然と「何によって憶えられたいのか？」という問いに答えることができるようになっているとうれしいです。

本書は以下のような構成になっています。

第1章では、なぜあなたが自分マーケティングをして「商品価値」を高めなければいけないかを語ります。特に人生の後半戦から頭角《とうかく》を現わしていった方々を実例に、経験を積み重ねているからこそ「自分マーケティング」が必要であることを述べます。

第2章では、さまざまな有名人を例に取り、彼らがどのようにブレイクしたかについて語ります。現在はマルチに活躍している彼らも、最初は「一点突破」の「自分マーケティング」によって世の中に出てきたことがわかるでしょう。

第3章では、あなた自身がどうやって「一点突破」していけばいいかを語ります。言わば、具体的な「自分マーケティング」の方法論です。実際に「一点突破のための戦術」を解説しながら、「一点突破」した人たちの実例も多数ご紹介します。

第4章では、「あなたという商品」の価値をさらに高めるために必要な三つのアイテムを紹介します。無名のあなたが自分を輝かせる旅に出る時の必携アイテムです。

では早速、見ていきましょう。

第1章

自分の商品価値を知っていますか?

●10年前から、どれだけ成長していますか？

いきなりですが、こんな問いをあなたに投げかけたいと思います。


10年前、あなたは何をしていましたか？

どんな仕事をしていましたか？

今、あなたはその頃と比べて、まったく違うステージで仕事をしていますか？

明らかに成長した、実力をつけたと言い切れるでしょうか？

明日会社がなくなり、どの会社に転職しても、また独立してもやっていけますか？

フリーランスや自営業の方は、たとえ大きな災害に見舞われて、今の仕事がリセットされても、新たな場所でその実力を発揮できますか？


今から10年前の２００８年、こんなことがありました。

たとえば、北京オリンピック。水泳の北島康介《きたじまこうすけ》選手が１００メートル平泳ぎで58秒91の世界新記録で金メダルを獲得した直後、マイクを向けられた時の発言「何も言えねぇ」が話題になりました。

政治では、７月に北海道洞爺湖《とうやこ》サミットがありました。９月１日、福田康夫《ふくだやすお》首相の突然の辞任による内閣総辞職。その後、麻生太郎《あそうたろう》さんが首相に就任しました。

９月にはリーマン・ショックも起こりました。アメリカの投資銀行リーマン・ブラザーズが経営破綻したことに端《たん》を発して、連鎖的に世界規模の金融危機が発生しました。11月には、バラク・オバマがアメリカ大統領選挙に勝利しました。

東京・秋葉原《あきはばら》の歩行者天国で無差別殺傷事件が発生したのもこの年です。芸能界では飯島愛《いいじまあい》さんが亡くなりました。新語・流行語大賞は「アラフォー」に加えて、エド・はるみさんの「グ～！」が選ばれました。

こうやって振り返ると、十年一昔《じゅうねんひとむかし》と言いますが、やはり隔世《かくせい》の感がありますね。

さて、あなた自身はどうですか？

ずいぶん昔のように感じる10年前ですが、毎日を仕事に追われて過ごしている私たちにとっては、10年はあっというまです。

こうした出来事が起こった頃にやっていた仕事と、今の仕事を見比べた時、あなたはどれだけ自分が成長したと言えるでしょうか？

成長していると実感できている人は、すばらしい。

問題は、成長が感じられていない人です。

あなたは、10年前の自分と今の自分にさほどの差がなく、会社の内外で言わば膠着《こうちゃく》した状態、もしくは、だんだんと自分の居場所がなくなっていくような焦《あせ》りを感じていませんか？

というのは、私のまわりを見回しても、実はそんな人が多いように感じるからです。

●あなたの商品価値はいくらですか？

たとえば会社員ならば、同じ会社に勤めていて、特定の得意先の対応には経験を積んだけど、その部署を離れたら何も残らない。

会社から独立したのはいいけれど、結局、企業の下請けのような仕事しかしていない。主要な得意先から切られたら、明日の生活の保障もない。

そんなふうになっていませんか？

もし、あなたがこの10年、成長していないように感じるのであれば、このままいけば10年後もおそらく成長していないでしょう。

成長したと思っている人も、それが次の10年も続くかどうかを真剣に考えてみてください。本当にこのままでいいのでしょうか？

もっと危機感を抱《いだ》く必要はありませんか？

ちょっと考えてみてください。

今のあなたの商品価値はいくらだと思いますか？

今の会社や部署を離れた時に、あなたの能力はどれくらい評価されるでしょう？

自営業やフリーランスであれば、同業の人間と比べた時に、自分がどれくらいのポジションにいるのかを冷静に分析してみましょう。

10年前より商品価値は上がっていますか？

10年後のあなたの商品価値はどうでしょう？

これからあなたは年を取っていきます。あなたが今いくつでも、10年後、体力は落ちている可能性が高い。能力的に成長せず、体力は確実に落ちる。それなのに年齢だけは10歳確実に積み重なる。

そんな人間をまわりはどう見るでしょうか？

やっかいで扱いにくくて困った存在になっているのではないでしょうか？

そんな未来を想像すると、これまでの10年間と違う仕事のやり方をするべきではないでしょうか？

そのために必要なのが「自分マーケティング」なのです。

●転職市場の新しい潮流

長年、仕事の経験を積んできたあなたには、さらに悪いニュースがあります。

最近、過去の経験を重要視しない会社が増えているのです。

ある中堅運送会社の社長にうかがった話です。

運送業界は今、「超」のつく人手不足で、求人広告に多額の費用をつぎ込んでも1人も応募者がいないということも珍しくありません。そんな状況下でも、社長は、ドライバーの採用に「経験者はできるかぎり採用しない」と断言します。

なぜ、応募が少ないなか、即戦力になりそうな経験者を採用しないのでしょうか？

理由は、その「経験」がむしろ邪魔《じゃま》になることが多いからだそうです。

一昔前、トラックドライバーはいわゆる一匹狼《いっぴきおおかみ》で、管理されることを嫌いな人がなる傾向にありました。仕事はハードですが、収入も多かった。また、きちんと荷物を運んでいれば、挨拶《あいさつ》や身だしなみがおざなりであっても許されました。

しかし現在においては、トラックドライバーには、荷物を運ぶ以外のコミュニケーション力が求められます。一匹狼では勤まりません。感じのいい挨拶ができて、清潔感のある身だしなみが求められ、チームプレイも重要視されます。さらに、昔ほどの高収入は望めません。

そんな状況下においては、過去の経験が現在の環境に適応することの妨《さまた》げになります。挨拶や身だしなみの重要性を、素直に一《いち》から学ぼうと思う未経験者のほうが望ましいのです。また、高収入時代を知るドライバーにとっては安く感じる収入も、それを知らない人間にとっては好条件に思えます。

個人のことだけならばまだいいのですが、態度の悪い経験者が1人入ることで、全社的に悪影響がおよぶこともあります。これらの理由から、経験者はよほど人柄がよくないかぎり採用しないそうです。

この傾向は何も運送業界に限ったことではないでしょう。

大手企業を定年退職して、その経験を生かそうと再就職を目指しても、どこも相手にしてもらえなかったという話をよく聞きます。会社での経験がむしろ敬遠されるのです。

以前は、転職において「経験」はもっとも重要な項目として挙げられていました。しかし、昨今は、仕事の「経験」そのものよりも、新しい世界にどのように対応できるかのほうが重要視される傾向があるのです。

あなたの今まで培《つちか》ってきた「仕事の経験」はどうでしょう？

未来において、邪魔になるものになっていないでしょうか？

●寿司職人に修業はいらない⁉

一般的に、寿司職人として一人前になるためには「飯炊《めした》き3年、握り8年」の修業が必要と言われています。それを推奨するブログに対して、ホリエモンこと堀江《ほりえ》貴文《たかふみ》さんは、

２０１５年10月29日にツイッターで次のように発言しました。

「バカなブログだな。今時、イケてる寿司屋はそんな悠長《ゆうちょう》な修行しねーよ。センスの方が大事」

この発言は、ネット上で大きな論争になりました。そうは言っても、ご飯の炊き方やシャリの握り方は、そう簡単に会得できるものではないなどのコメントが並ぶと、さらに堀江さんは反論します。

「技術習得は接客や素材選びなども含めた話。集中力とセンスがあれば数ヶ月でも一流になれると思う」

「そんな事覚えんのに何年もかかる奴が馬鹿って事だよボケ」

「バカ」「ボケ」という感情的な罵倒《ばとう》の表現が並ぶので反発したくなる気持ちもわかりま

すが、堀江さんが語っていることは、これからますます正論になっていくでしょう。

長い期間の修業や苦労によって手に入れたものは価値があるというのは、一種の幻想である可能性が大きい。

従来は「経験」という言葉で片づけられてきたことが、数値化できるようになってきたからです。特に料理の分野では、かなりの割合で「化学によって味が決まる」ことがわかってきています。

もちろん、料理にかぎりません。今後はさまざまな分野で「経験」がAIによって数値化・言語化されてくるでしょう。

●定年が近づいたら、観ておきたい映画

もちろん、「経験」がすべて否定されるわけではありません。

重要なのは「経験そのもの」ではなく、そこから学んだ「普遍的な仕事力」なのです。

さらに言うと、その「経験」をひけらかすことなく、新しい環境に適応して「普遍的な仕事力」を発揮できる人は、どんな職場に所属しても、頼りにされるでしょう。

その観点から言えば、２０１５年に公開された『マイ・インターン』というアメリカ映画は非常に参考になります。

物語は、数年前に起業し、急成長して大きな会社になったファッション通販サイトを経営する若き女社長のジュールズ（アン・ハサウェイ）のもとに、シニア・インターン（ベテラン見習い）制度で採用された70歳のベン（ロバート・デ・ニーロ）が配属されるところから始まります。

ベンは最初、リタイアまで長年働いてきた職場とは大きく異なる環境にとまどい、周囲からも浮いていました。しかしやがて、その誠実で穏《おだ》やかな人柄と、前職で培った仕事力によって人気者になります。

最初は、いやいやベンをアシスタントにつけたジュールズも、徐々にベンを信用していきます。彼女はプライベートな問題や経営の決断についても、ベンの言葉に勇気をもらい、解決へと踏み出していくようになるのです。

ベンを見習うべきポイントは、過去の職種や役職といった「経験」に固執するのではなく、新しい環境に柔軟に対応しつつ「普遍的な仕事力」を発揮したことです。

このような姿勢で仕事に臨《のぞ》める人は、年齢がいくつになっても重宝《ちょうほう》されるでしょう。

逆に過去の経験に縛《しば》られて、世の中に柔軟に対応できない人はますます厳しい時代になっていきそうです。

あなたは何十歳も年下の異性の上司のもとで、柔軟に働くことができるでしょうか？

ぜひ映画を観てみてください。

もっとも、『タクシードライバー』『ゴッドファーザー PARTⅡ』『レイジング・ブル』『ディア・ハンター』など、どこか狂気を秘めたロバート・デ・ニーロを知る世代にとっては、『マイ・インターン』のどこまでも感じのいいおじいちゃん役は、やや物足りなく感じるかもしれませんが。

●「40代の壁」をどう乗り越えるか

あなたがすでにフリーランスの道を歩んでいるのだとしたら、憶えておいてほしいことがあります。

若い時は順調でも40代後半になると壁に突き当たることが多くなるということです。

特に、もしあなたが「得意なものは何ですか？」と問われて「何でもできます」「何でもやります」と答えているようであれば危険です。

「何でもできます」「何でもやります」というのは、結局「私には何の強みもありません」と宣言しているのと同じだからです。

若いうちはまだいい。便利屋、使い勝手がいいという需要があるから。

しかし、そうして必死に仕事をしてきた40代。ふと仕事が減ったと気づく人が多いのです。恥ずかしながら、かつての私がそうでした（私がその壁をどう乗り越えたかは第3章で語ります）。

理由は、仕事を発注する側が若くなってきて、目上のフリーの人には発注しづらくなり、距離が生まれるからです。ギャラが高くなっているというケースもあります。発注する側は、何でも話し合えて、ギャラも安く、相談しながら仕事を進められる相手のほうがいいわけです。

では「40代の壁」をどう越えるのか？

やはり、それには「自分マーケティング」しかありません。

これは、実はフリーランスだけの問題ではなく、会社員であっても同じです。というのは、この年代で閉塞感を抱えている会社員が想像以上に多いからです。

私は時折、個人の方相手にキャリアのアドバイスをすることがあります。すると、有名企業の会社員で、家庭もあり、まわりから見ると順風満帆に見える人ほど「40代の壁」にぶち当たって、閉塞感を抱えている方が多いのに驚きます。

ひょっとしたらあなたもそうではありませんか？

会社員であっても目の前の仕事だけ、目の前の上司だけを見ていては、便利な使い勝手のいい一《いち》社員のまま使い捨てられることになります。5年後、10年後にも存在を忘れられない人材になるためには、すぐにでも「自分マーケティング」を始めましょう。

●存在感がなかった、若き日の池上彰さん

あなたは今、何歳ですか？

いくつであってもかまいません。

人はいくつであっても成長できるからです。

それなのに自分はもう40代だから50代だからと、人生をあきらめかけている人が大勢います。

確かに、会社員ということに限定すると、40代半ばになると、自分が社内でどれくらいまでのポジションに到達するかは何となく見えてきます。自営やフリーランスであっても、自分の仕事はもうこんなものかなとあきらめてしまう年代でもあります。

しかし、あきらめたら「試合終了」です。そこからでもきちんと「自分マーケティング」をしていけば、まだまだ輝くことは可能です。

健康さえ担保されていれば、70代・80代であっても働くことがあたりまえの時代においては、40代・50代こそ、今後の生き方について真剣に「自分マーケティング」を考えていく必要があります。

ここでは人生の後半に輝きを増した、２人の有名人の事例を紹介しましょう。

共通するのは、40代・50代で大きな挫折《ざせつ》を味わったことから、改めて自分の「強み」を発見、それをきちんとまわりにアピールして、仕事のやり方を変えたことで、人生が大きく変わったことです。

仕事での自分の立ち位置に悩んでいるあなたにも、きっと参考になるでしょう。

まずは、ジャーナリストの池上彰《いけがみあきら》さん。

数多くの著作を発表し、テレビでは見ない日がないほどの池上さんですが、小さい頃は、内気《うちき》で引っ込み思案で人見知り。まるで目立たない存在だったそうです。

著書には、小学校六年の時、クラスルームで楽しく会話する女子たちのグループからひとり離れた席で、ぽつねんと座っていた記憶があると書かれています。

高校生になっても存在感のなさは変わりません。のちに同窓会でかつてのクラスメイトの女性から「テレビに出ている池上君が同期であることは知っていたけれど、まさか自分と同じクラスだったとは知らなかった」と言われたことがあるとか。

彼女は、高校時代に池上さんのすぐうしろの席に座っていたことがありました。ということは、毎日池上さんの背中を授業中に見ていたはずです。それを聞いた池上さんは、当時の自分の存在感のなさに改めて愕然《がくぜん》としたそうです。

大学卒業後、1973年にNHKに入社してからも、なかなか人見知りな性格と存在感のなさは変わりませんでした。

記者として島根県の松江《まつえ》放送局に配属され、警察担当になりましたが、当初は刑事の誰からも相手にしてもらえず、通っても、通ってもネタを提供してもらえませんでした。相手は人の心を読むプロ。「関係を持って情報を聞き出したい」という下心《したごころ》は簡単に読み取られます。

しかし、池上さんはめげませんでした。通う時間帯を工夫するなど時間をかけて刑事たちとの関係を築いていきます。やがてガサ入れ（家宅捜索）の場所・時刻などを暗《あん》に教えてくれるようになりました。

何より大切なのはまじめに向き合い、心を通わせ、信頼関係を築くことだと気づいた池上さんは、検事や事件の被害者や容疑者といった一般の社会ではなかなか縁《えん》のない人々とも話せるようになります。

こうした経験が、その後の池上さんの人生に大きなプラスをもたらすのです。

●ＮＨＫの顔になるはずが……

１９７９年、池上さんは東京放送局報道局社会部に異動し、警視庁を担当します。

そして1980年の新宿《しんじゅく》西口バス放火事件を皮切りに、1982年のホテルニュージャパン火災など記憶に残る事件・事故の取材に携《たずさ》わります。1985年の日航ジャンボ機墜落事故でも現場に駆けつけ、第一報を届ける記者となりました。

今ではあたりまえの「現場レポート」を記者が行なう先駆《さきが》けでもありました。

それまでは現場の映像を流しながら、スタジオでアナウンサーが原稿を読むというスタイルだったのです。前例がなかったので、できるだけ現場の生《なま》の状況をわかりやすく伝えるために、池上さんは試行錯誤を繰《く》り返しました。

おそらく、そんな池上さんのことを見ていた人がいたのでしょう。1989年に39歳で、夜の首都圏向け15分のニュース番組「ニュースセンター845」のキャスターに抜擢《ばってき》されます。

最初は緊張して原稿を読むだけがやっと。そこで、アナウンサーでない自分が起用された理由を考えた結果、記者ならではの解説が求められているのだと気づき、ニュースの要点を図解し、フリップにして解説するというスタイルに行き着きます。

1991年からは、夕方の「イブニングネットワーク」のキャスターになります。

さらに1994年には、NHKの顔とも言える「7時のニュース」のキャスターに内定。しかし、ここで大きな挫折を味わいます。人事抗争がきっかけで、内定が取り消されてしまったのです。

そして、新番組である「週刊こどもニュース」のキャスターを打診され、初代の「お父さん役」を務めることになりました。不本意な異動でしたが、業務命令として受け入れざるを得なかったと言います。

この時、池上さんは44歳。大きな挫折でした。

しかし、この挫折がのちの「池上彰」を形作ることになります。

「週刊こどもニュース」の制作スタッフで、当時報道局に在籍していたのは池上さんだけ、他は主に教育テレビの制作を手がけていたスタッフでした。あとは出演者の子どもたち。池上さん以外はニュースの素人《しろうと》です。

打ち合わせでは、「それはどういう意味ですか？」「どうしてそうなるのですか？」という基礎知識に関するような質問が相次ぎ、池上さんはとまどうこともしばしば。子どもたちからの質問はとても素直で、わからないことには「わかりません」と言ってくれます。

そうした環境で、「とことんわかりやすく伝える」ことのスキルが鍛《きた》えられていくのです。

結局、NHKを退職するまでの11年間、池上さんは「週刊こどもニュース」のお父さん役を続けます。その間、ずっと報道現場に戻って取材を続けたいという思いは抱いていて、解説委員への異動希望を出し続けていました。

そんなある日、解説委員長から「おまえ、解説委員希望ってずっと出し続けているけど専門分野がないからダメだ」と通告を受けます。

●挫折で得た、大きな武器

その時、池上さんが考えたのが「自分の強み」についてでした。

では、私の強みとは何だろう、と考え直しました。弱点と思われたことが実は強みだった、ということはよくあることで、私はその専門性のなさ＝幅広く何でも知っている、というのが他人と違うところではないか、と気がつきました。

（池上彰著『知の越境法』）

そして、その強みを生かして著述活動をしていこうと、定年前の50代半ばでＮＨＫを退職します。独立してからの大活躍はみなさんもご存じのとおりです。

専門分野がないことは、幅広くどんなジャンルについても解説できるという強みになりました。

不本意だった子ども向けのニュース番組を担当したおかげで、報道以外のテレビ番組ではとまどうことなく対応できました。タレントやお笑い芸人たちからの驚くような質問にも、臨機応変に答えることができ、またそれを学びに変えることができました。

池上さんは、大事なニュースこそゆっくりとしゃべり、言葉の最後に「ね」をつけてよく話されますが、これも「相手の聞き取りやすさを大事にし、上から目線ではないという心意気を表わす」気持ちからでしょう。

時折見せる毒舌もけっして視聴者を不快にさせませんし、インタビューで一歩突っ込んだ質問が逆にインパクトを持って受け入れられるのは、池上さんのそうした心持ちが共感を生み、理解されているからでしょう。

大きな挫折だった「週刊こどもニュース」に配属されたことが、池上さんのその後の「わかりやすいニュース解説の第一人者」としての出発点だったのです。

池上さんは現在68歳、まだまだこの分野におけるトップランナーです。

●51歳の左遷で人生を変えた川淵三郎さん

川淵三郎《かわぶちさぶろう》さんは、1993年に開幕したJリーグの初代チェアマンとして注目を浴《あ》びたことで一躍《いちやく》有名になります。その後、第10代日本サッカー協会（JFA）会長になり、JFA会長退任後も数々の名誉職を務めました。

そして2015年、長らく二つの団体が対立して泥沼化していた日本のプロバスケットボールリーグを1本化し、トップリーグの設立に向けて豪腕を発揮したことで再び大きな注目を集めました。

川淵さんは「ワンマンで言いたいことをズバッと言う」イメージが強いのですが、意外にも10代の頃は、人の顔色を窺《うかが》い自分の思いをはっきりと主張できない人間だったそうです。

ところが大学受験に失敗した浪人時代、友人の母親から「なぜいつも、自分のやりたいと思うことをはっきりと口に出さないの？　やりたいことをやればいいのよ」とビシッと言われます。そこから「とにかく本音を口に出してみよう、それに対する人の反応がどんなものであっても、それはそれで受け止めればいいんだ」と考え方を変えました。

川淵さんの経歴からは、スポーツ一筋の人のイメージです。

確かに高校からサッカーを始め、2浪後に入学した早稲田大学でもサッカー選手として活躍し、日本代表にも選ばれました。卒業後、就職した古河電気工業でも工場勤務のかたわら、サッカー部に所属。1964年の東京オリンピックにも出場し、アルゼンチン戦でゴールを決めています。

しかし、本人はサッカー部専属という意識はなく、いい会社員になりたい、同期より早く出世したいという思いで働いていたと言います。実際、練習は週末以外の平日は2日間の夜だけで、それ以外は普通の会社員として働きました。

現役引退後も、社のサッカー部コーチ・監督に就任しますが、1975年に退任。その後も、会社員生活のかたわら、JFAにかかわってはいましたが、1984年、ロサンゼルスオリンピックの予選敗退を受け、すべての役職を辞《じ》します。

サッカーとは縁を切って、サラリーマン人生を全《まっと》うする決断をしたのです。

こうして、会社員として出世を目指していた川淵さんに大きな転機が訪れたのは、古河電工名古屋《なごや》支店金属営業部長だった1988年、51歳の春でした。

休日に家族とくつろいでいる時、支店長から電話が入ります。内容は、「子会社の古河産業に出向してもらいたい」というもの。まったくの想定外で、完全に「左遷」だと思いました。自分の描いていた、この先の人生が突如として消えたように感じたそうです。

名古屋に赴任《ふにん》して5年。金属営業部で大きな金額を動かし、数字も上げ、自分の仕事に勢いを感じていました。この調子でいくと、次の異動では営業部長で本社に戻り、その先は重役になって古河を退職と、サラリーマン人生の仕上げを思い描いていたからです。

●失意のなかでの逆転劇

51歳の子会社への出向ではもう本社に戻れないと覚悟した川淵さんは、電話を受けたあと、まるで大事な試合に負けたあとのようにソファに座り込んでしまいました。近くにいた夫人によれば、電話を切った夫の表情は「心臓を抜かれちゃったみたいだった」。出向先に赴任し、仕事の目標を失ってしまった川淵さんでしたが、ここで思ってもいない連絡を受けます。

4年前に縁を切ったつもりだったＪＦＡから日本サッカーリーグ（ＪＳＬ）の総務主事になってほしいとの声がかかったのです。

ＪＳＬは当時、プロ化へ向けて動き出していました。

失意のなかにいた川淵さんは、考えた末に受けることにしました。どうせサラリーマンとしては先が見えたからと、サッカーに自分の残りの人生を賭《か》けようと決めたのです。

当時の日本では、サッカーは人気がなく、スタジアムもガラガラ。世界で一番愛されているスポーツなのに、日本ではなぜか人気がない。この状態をなんとかしたいという思いが川淵さんの胸に湧《わ》き上がったのです。

ＪＳＬの総務主事の役を引き受けた川淵さんはその後、ＪＦＡ理事にも就任。そして、サッカーリーグのプロ化に向けたプロジェクトの中心になっていきます。

言わば、この時、川淵さんに第二の人生のホイッスルが鳴ったのです。

そして1991年11月、社団法人日本プロサッカーリーグ（Jリーグ）が設立され、初代チェアマン就任。同時に30年勤続した古河電気工業を退社し、サラリーマン生活に終止符を打ちました。

その後の活躍はご存じのとおり。

川淵さんは左遷され出向したことで、改めて自分の仕事を見直す機会を得ました。そして会社員生活で得たビジネス感覚をスポーツ界に持ち込んだことが、川淵さんの最大の強みになったのです。まさに、ロスタイムからのカウンターアタックでの逆転劇でした。

あのまま会社員生活を続けていたら、とっくに定年退職して悠々自適に暮らしていたはずの80歳を超えてなお、一線で活躍されています。

その熱や意欲は、人生は年齢であきらめるものではないこと、年齢を重ねてもまだ輝くことができることを証明している姿と言えるでしょう。

●経験と経験をつなぎ合わせて「武器」にする

池上さんも川淵さんも、会社員人生で大きな挫折をしたことで再スタートを切れたと言ってもいいでしょう。そのなかで自分の強みを発見し、それを武器にして第二の人生ではばたきました。

池上さんは、記者時代に培った「取材力」と、「週刊こどもニュース」時代に身につけた「誰にでもわかる説明力」が組み合わさったことが、独立してからの武器になりました。

川淵さんは、サッカー選手・監督時代の「経験」と、大企業のさまざまな部署で培った「ビジネス感覚」が組み合わさったことが、Ｊリーグの立ち上げの際に大きな力を発揮しました。

第３章で詳しく述べますが、私の場合も二つの経験を組み合わせたことが現在の武器になっています。

アップルのＣＥＯだった故スティーブ・ジョブズも、２００５年のスタンフォード大学卒業式での有名なスピーチで、さまざまな経験の点と点をつなぐことの重要性を述べています。同時に、次のようにも言っています。

あらかじめこうなるだろうと予測して点と点をつなぎ合わせることはできない。できるのは、後になってからつなぎ合わせることだけ。それゆえ、点と点が将来どこかでつなぎ合うだろうと信じるしかない。（スティーブ・ジョブズ）

You can't connect the dots looking forward; you can only connect them looking backwards. So you have to trust that the dots will somehow connect in your future.

人生の後半戦で輝く人は、このように複数の経験（点と点）をうまくつなぎ合わせることで「武器」にしているケースが多いのです。

もちろん、個人差も大きいですが、一般的に年齢を重ねているほうが、さまざまな経験をしている可能性が高い。それをうまくつなぎ合わせたり組み合わせたりすることができれば、大きな武器になる可能性があります。

あなたの場合、どんな点と点をつなぎ合わせると「武器」になるでしょう？

ぜひ考えてみてください。

それが「自分マーケティング」の第一歩ですから。

第2章

なぜ、あの人は「一点突破」できたのか?

●人のいない場所を探して深掘りする

あなたを商品として考えた時に、どうすれば他人から関心を持ってもらい、好きになってもらい、買ってもらえるでしょうか？

誰の目にもわかるような才能やスキルがあれば、みんなが振り向いてくれます。しかし、それがないあなたは何かでアピールして、まず相手から「自分という商品」を見つけてもらう必要があります。

ではどうすれば、それが可能になるでしょう？

これは、アメリカのあるマーケッターが書いた本のなかで読んだエピソードです。

彼が幼《おさな》い頃、父親に質問しました。

「父さん、野球でヒットを打つにはどうしたらいいの？」

すると父親は、こう答えます。

「簡単なことだよ。人がいないところに打てばいいのさ」

シンプルだけど真理を衝《つ》いた答えです。

あなたが自分という商品を売り込む時も同じです。

人のいないところに打てば必ずヒットになる。そのために、人がいないところを探す。まずこれが大事です（もちろんまったく需要のないファウルになるようなエリアに打ってもダメなのは言わずもがなですが）。

そして、人のいない場所を見つけたら、そこを深く掘っていきましょう。

まずは「一点突破」でアピールすることです。

あなた自身には、おそらくいろいろアピールしたいポイントがあることでしょう。しかし広く浅くアピールしていては、どれだけがんばっても相手の記憶に残りません。あえて狭《せま》く絞《しぼ》って訴求することで、関心を持ってもらえ、憶えてもらえるようになるのです。

一度、深く突き刺《さ》さるものがあれば、そこから横に広げていくことは可能です。逆に浅く広く掘っていったものを深くするのは大変です。

まず誰もいない場所を深く掘っていくことで、「あいつはこういう人間だ」「こういうふうに使える」と認識してもらう。そこからスタートするのです。

そこでブレイクスルーすることに成功したら、そこからまた次の段階の「自分マーケティング」が始まります。

イメージを管理してブランディングしていくことも必要になってくるでしょう。

しかし、まず誰にも知られていないあなたがやるべきことは、人のいない場所を見つけてそこを深く掘っていき、一点突破することです。

ここでは、「自分マーケティング」をすることで、まず一点突破でブレイクスルーすることに成功した有名人たちの実例を紹介します。

きっとあなたが「自分マーケティング」する時の参考になるはずです。

●AKB48は、自分マーケティングの見本市

まずAKB48グループのなかで、誰もいない場所を見つけ、それを深掘りすることで一点突破した、つまり「自分マーケティング」することで頭角を現わしたメンバーの事例を紹介します。

なぜAKB48なのか？

自分とは年齢も性別も職種も違う……と思われたかもしれません。しかし、大きな組織であるAKB48には、あなたが「自分マーケティング」する際にとても参考になる事例が

詰まっています。

ＡＫＢ48のなかでも飛び抜けてカワイイ、飛び抜けて歌やダンスがうまい、言語化しにくいが不思議な魅力があるなどの才能があれば、放っておいても注目されるでしょう。でも、そんな女の子はほんの一握りです。

大多数のメンバーは、ルックスや歌やダンスなどで勝負してもなかなか飛び抜けることは難しい。そのようななか、頭角を現わしてくるのは、「自分マーケティング」に長《た》けた女の子。

そう、ＡＫＢ48は「自分マーケティングの見本市」とも言える教材なのです。

ＡＫＢ48という組織をあなたの会社にたとえて読んでもらっても、たとえばデザイナーや弁護士のような同じ職種の集団にたとえて読んでもらってもかまいません。

❶顧客目線のマーケティングで伸し上がる（指原莉乃さん）

ここ数年、ＡＫＢ48でまず名前が挙がる存在と言えば指原莉乃《さしはらりの》さんです。

ＡＫＢ48選抜総選挙で３度の１位を獲得、バラエティ番組のＭＣ（司会）やトークでも圧倒的な存在感を示し、ＡＫＢ48グループの顔と言っても差《さ》し支《つか》えないでしょう。

しかし最初に彼女が注目されたのは、ルックスや歌などアイドルらしい部分ではなく、「ヘタレ（臆病者、情けない人）」というキャラでした。

そもそも、指原さんは小学生の時からのアイドルおたくでした。モーニング娘。やＢｅｒｒｙｚ工房など、ハロープロジェクトの熱狂的なファンで、大分県在住時から九州での公演に通い詰めます。また、小学生ながら、2ちゃんねるなどの掲示板に投稿していました。そこでアイドルのファン心理を知り、年上のおたくたちとのコミュニケーション能力を高めたのです。

この経験は、のちのアイドル人生で大きく生かされることになります。

やがて指原さんは上京してＡＫＢ48に入ることになりますが、真っ先に気づいたことがあります。それは、地元ではそこそこカワイイと思っていたけれど、このメンバーのなかでは、ルックスも歌や踊りもまったく勝ち目がないということ。

これは土俵を変えなきゃダメだ。アイドルとして際立《きわだ》った武器がないところから、バラエティ要員として自分のキャラクターを打ち出していくことを決意します。

出演したバラエティ番組で、バンジージャンプを跳《と》ぶ企画がありました。他の子は跳んだのに自分だけが跳べず、再度チャレンジ企画を設けてもらっても、跳べなかったというエピソードから「ヘタレ」といういじられキャラが定着します。

その後、深夜番組などで「サシコ」という愛称で売れていくようになると、小学校の頃から掲示板などで培った文章力を生かしてブログを始めました。

始めるとすぐ、それまで話したこともなかった、プロデューサーの秋元康《あきもとやすし》さんから「おもしろい」とメールが来て、「どうせ書くなら１日１００回更新を目指せ」というアドバイスをもらいます。

指原さんは、そのアドバイスに素直に従います。

あらかじめ番組で更新１００回を目指すことを宣言し、翌日達成。すると、当日のアクセス数が３５００万ページビューとなり、アメーバブログ（アメブロ）の歴代１位を獲得しました。その後も、１日２００回更新を目指して達成。すると、９１００万ページビュー、コメント数も81万件を超え、「24時間での個人ブログへの最多コメント」としてギネス世界記録に認定されました。

指原さんは、秋元さんからの連絡で、ここが「誰もいない場所」だと気づき、そのアドバイスに素直に従い、それを深掘りすることで一点突破していったのです。

その結果、同じように人気獲得にもがいていた若手メンバーたちから一歩抜け出すことに成功し、自《みずか》らの名前がついた冠《かんむり》番組を持つまでになりました。

2012年のAKB48選抜総選挙では4位と大躍進。上昇気流に乗るなか、最大のピンチが訪れます。過去の男性スキャンダルが週刊誌で報じられたのです。「恋愛禁止」を掲《かか》げるAKB48のメンバーにとっては致命傷《ちめいしょう》になってもおかしくない事件でした。

報道後、指原さんは秋元康さんとラジオ番組「オールナイトニッポン」に生出演《なま》し、涙ながらに謝罪。秋元さんから九州・博多《はかた》のHKT48への移籍を言い渡されます。

会社員で言えば、左遷ということでしょう。

しかし、結果的にこれが指原さんのステージをさらに上げることになりました。

当時、ローカルアイドル激戦区の博多で苦戦していたHKT48の知名度を一気に上げました。また、メンバーをまとめる統率力やMC力が抜きん出ていることが、東京時代よりも鮮明になります。さらに、ライブに斬新なアイデアをふんだんに入れるなど、卓越したプロデュース能力があることも判明したのです。

指原さんはもともとアイドルおたくということから、ファンという顧客が何を考えているか熟知していました。そして自分という商品が、正統派のアイドルという土俵で勝負できないことを察知し、誰もいない場所を探してキャラを尖《とが》らせました。さらに、自分が評価されたところでは熱量を込めて集中的に深掘りして、一点突破をはたします。

まさに今のポジションを「自分マーケティング」でつかみ取ったのです。

一度世の中に認知されると、活躍を横に広げていくことが比較的容易であることは、彼女のさまざまな分野での活躍を見ればわかります。

彼女がすぐれた戦略家であることは、次の発言からも明らかです。

すごく偉い人にはフランクに、ちょっと偉い人には丁寧《ていねい》に　（指原莉乃著『逆転力』）

タモリさんや秋元さんのような「偉すぎる人って、心が広い」ので、「友達モードでいくほうが、むしろおもしろがってもらえる」けれど「中途半端に偉い人って、ちょっとの無礼がムカつくんです。ちょっとの無礼に敏感なんですよ。だからなるべく低姿勢でいく。ここを間違ったらまずいです」と言うのです。なかなか鋭《するど》い視点ですね。

❷戦う場所を、自分の得意な場所に変える（川栄李奈さん）

次は2018年現在、女優としてドラマ・映画・CMで彼女を見ない日はないくらい大ブレイクしている川栄李奈《かわえいりな》さんです。AKB48に在籍時、彼女より人気があったメンバーはたくさんいましたが、卒業後これほど引っ張りだこのメンバーは他にいません。

川栄さんは2010年、AKB48研究生のオーディションに合格。同年11月にデビューしました。翌年、選抜メンバーに選ばれましたが、2014年のAKB48選抜総選挙での16位が最高で、その翌年には卒業を宣言します。

川栄さんはAKB48に在籍時、あるバラエティ番組でテストの成績が最下位だったことから、おバカキャラとして有名になりました。しかし、そのような番組は彼女にとってはストレスだったようです。

また、もともと歌もダンスも苦手意識があり、アイドル活動を続けることに行き詰まりを感じていました。

そのようななか、出演したドラマでの演技が評判を呼びます。特に宮藤官九郎《くどうかんくろう》脚本の「ごめんね青春！」で見せたキレキレの演技は特筆ものです。そして、これらの体験を通じて「演技が楽しい」「お芝居をもっとやりたい」という気持ちが盛り上がり、ＡＫＢ48を卒業する決意をしました。

２０１５年に卒業してからの川栄さんの活躍は、目を見張るものがあります。

卒業後の最初の仕事は、舞台『ＡＺＵＭＩ 幕末編』でした。殺陣《たて》（斬り合い、乱闘などの演技）の多いこの舞台を、女優業の最初の仕事としたことに、川栄さんの意気込みが感じられます。その演技力は、演出家から「ＡＫＢ48総選挙では16位だったが、今、演劇では日本一です」と絶賛されました。

２０１６年には、ＮＨＫの朝の連続ドラマ「とと姉ちゃん」に出演。お茶の間への知名度を上げます。２０１７年、ドラマ「僕たちがやりました」で同級生の子どもを妊娠する女子高生役を演じた時には、ツイッターでフォロワーが激増しました。

その後も順調にドラマ・映画にも出演。ＣＭ出演も多数決まり、なかでも「ａｕ三太郎シリーズ」の織姫《おりひめ》役と言えば、思い浮かべる方も多いでしょう。

彼女がAKB48を早々に卒業し、女優業に専念してから着実に成功している要因はどこにあるのでしょう？

それは、「自分が自然と努力できること」に土俵を変えたからです。

よく「好き」や「やりたいこと」を仕事にすることの是非が議論になります。「好きほど強いものはない」と言いますが、私はそれは怪《あや》しいと思います。

なぜなら、自分では「好き」だと思っているけれど、それを実現するために努力するのが苦しくて、実際には向いていないことが往々《おうおう》にしてあるからです。「好き」だと思っていることの「結果が好き」なだけで、「過程は好きではない」のです。

それは「本当に好きではない」と言えるのかもしれませんが、本人がそれに気づいていないことはよくあります。

仕事で成果を出すためには、それを「好き」と思っているかどうかはそれほど重要ではなく、それよりも「自分が自然と努力できること」のほうが重要です。他人から見れば、ものすごい努力をしているけれど、本人にとっては努力している意識がない。「努力と思わず努力できる」ことが、やはり強いのです。

川栄さんにとって「演技」「芝居」は、おそらく「自分が自然と努力できること」だったのではないでしょうか？　逆に言えば、「歌」「ダンス」「バラエティ」などのアイドル活動は、「相当がんばらないと努力できないこと」だったのでしょう。

これは、芸能人に限ったことではありません。

会社員のあなたも、自営やフリーランスのあなたも、「相当がんばらないと努力できない」土俵で戦っていると、がんばればがんばるほど、先に「体」や「心」が悲鳴を上げてしまうかもしれません。

「自分が自然と努力できること」の土俵を見つけ、そこでの勝負に徹するのも「自分マーケティング」においては重要です。

❸誰もいない場所に、圧倒的な熱量を投下する（大西桃香さん）

3人目に登場するＡＫＢ48の大西桃香《おおにしももか》さんのことは、ご存じの方は少ないかもしれません。彼女は２０１４年にチーム８のメンバーとして加入しますが、２０１７年までのＡＫ

B48選抜総選挙では80位内に入らず、圏外でした。

そんな大西さんが、知名度を上げるために活用したのが、「SHOWROOM」です。

SHOWROOMとは簡単に言えば、ネット上の仮想ライブ空間のこと。性別・年齢を問わず、誰でも配信者になれて、会員になれば無料で視聴できます。

最大の特徴は100％ライブ配信。ライブのみでアーカイブはない。つまり、その日のその時間帯に見ないと二度と見られない、1回性のメディアである点です。さらに、アバター（ディスプレイ上のキャラクター）やアイコン（同・記号や絵文字）の形で視聴者を観客として可視化したことにより、配信者も視聴者も、バーチャルなライブ会場にいる気持ちになることができます。

配信者は素人の方が多いのですが、ＡＫＢ48や乃木坂《のぎざか》46、欅坂《けやきざか》46などに所属しているアイドルも参加しています。

大西さんはこのSHOWROOMを使って、何とか自分のことをもっと知ってもらいたいと思いました。そこで考えたのが「時間」をズラすこと。

毎朝5時半にライブ配信することに決めたのです。

いわゆるゴールデンタイムにライブをしても、売れているメンバーがライブをしていたら、多くの観客はそちらに流れる。それならば、ほとんど誰もライブをやっていない時間にしようと考えたのです。そして、ひたすら毎日毎日、早朝ライブを実施しました。

もちろん最初は、視聴者はわずかでした。

それでも大西さんは、この一点突破しかないと、早朝ライブを繰り返しました。やがて「朝5時半の女」と呼ばれ、ＡＫＢ48ファンの間で話題になります。それまでほとんど認知してもらえなかったのに、キャラクターが伝わるようになったのです。

時には、寝ぐせがついているような状態であっても、ライブ配信を行なう。すると、「寝ぐせついてるやん」といじられ、ますます話題を呼ぶようになります。

２０１８年のＡＫＢ48選抜総選挙では、約2万６０００票を獲得して38位にランクイン。歓喜のあまり、大西さんはステージの上で大泣きになります。そして投票してくれた方へ感謝を述べたあと、次のようなスピーチをしました。

「この順位を胸にこれから1年、また皆さんに恩返し出来るように頑張りたいと思います。そして、私、SHOWROOMっていう配信アプリよくしてるんですけど、5時半の女ってよく呼ばれてて、2016年11月12日から始めて、今日で612日目となります。継続は力なり、そして早起きは三文の得、これを私が身をもってこれからも証明したいと思います」

毎日早朝に継続してライブ配信を行なうのは、相当な根性が必要です。

でも、それこそが「誰もいない場所」だと感じて、「熱量」を投下して継続した大西さんの「自分マーケティング」の成果はけっして小さなものではありませんでした。

●人は「成長ストーリー」に感動する

ここで、SHOWROOMについて詳しく説明しておきましょう。

SHOWROOMは、ライブ配信動画を媒体にして売り上げを伸ばしている異色のビジネスです。もし、まだ一度もSHOWROOMのコンテンツを見たことがなければ、ぜひ一度見てみてください。けっこう衝撃的です。

前述したように、最大の特徴は「１００％ライブ配信」と「アバターやアイコンの形で視聴者を観客として可視化」したこと。それにより、配信者も視聴者も、バーチャルですが、ライブ会場にいるような気持ちになれます。

特筆すべきは、視聴者がコメント、リアクション、有料のバーチャルアイテム「ギフト」を送ることで配信者を支援することができるシステムです。ストリートミュージシャンに投げ銭をするような感覚です。

多く支援すればするほど、視聴者のアバターは前に表示されます。

では、どうすれば多くの支援を得ることができるのでしょうか？

SHOWROOMの代表取締役の前田裕二《まえだゆうじ》さんは、配信者が人気を得るために重要なのは、次の三つの要素だと語っています。

①本人のモチベーションが本物であり、やる気と熱意の絶対量が大きいこと
②自分を客観視してセルフプロデュースできること
③つい誰かにしゃべりたくなるストーリーがあること

大西桃香さんはすべてに当てはまっていますね。「朝5時半の女」というわかりやすいキャッチコピーがついたことも、人気が広まっていった要因です。

配信者は歌ったり、楽器を演奏したり、何かしらのパフォーマンスを実施している場合もありますが、ただカメラに向かって雑談をしているだけの番組も多くあります。

同じ動画でも、ユーチューバーの場合は、「情報」「芸」「パフォーマンス」などを売っているケースが多いのですが、SHOWROOMは雑談を売っているのが特徴なのです。

では、なぜ素人の雑談が売れるのでしょうか?

その答えこそ、前田さんが語った条件③「つい誰かにしゃべりたくなるストーリーがあること」です。

たとえば、SHOWROOMで人気がある40代の主婦ちづるさんは学生時代、おニャン子クラブに憧《あこが》れ、「アイドルになりたい」という夢を抱きましたが、親の反対であきらめた過去があります。しかしSHOWROOMを知り、もう一度夢をかなえるために配信を始めたところ、濃いファンがつき、現在は芸能事務所と契約。アイドルとして活動するまでになっています。

そのストーリーをみんなが知っているから、けっしてうまいとは言えない歌に対しても共感する人が多いのです。

ですから、私など〝一見《いちげん》さん〟がパッと配信を見ただけでは、そのおもしろさはよくわかりません。継続して配信に参加し続けて、はじめておもしろさがわかるのです。

前田さんも著書やインタビューなどで、小さい時に両親を亡くし、小学生の時から路上で弾《ひ》き語りをして生活費を稼《かせ》いでいたというストーリーをよく語っていますが、それは多くの人が次のようにしゃべりたくなるために意識して発信しているそうです。

「知ってた？　SHOWROOMの社長ってチャラそうに見えるけど、実は苦労人で子どもの時に路上で弾き語りをしていたことを原型にサービスを思いついたんだって」

もうひとつ重要なポイントは、配信者の「成長」です。

最初は何の取り柄《とえ》もなかった女の子が、視聴者の声によって自分のダメなところに気づいて改善、徐々に人気を得ていく。もしかしたらスターになっていくかもしれない——そんな成長ストーリーを共有できることも、SHOWROOMが人気を得ている大きな要因なのです。

あなたがもし、今の自分に何も発信するものがないと考えるならば、この「成長」をアピールポイントにしてもいいかもしれません。

●お笑いビッグ3も、自分マーケティングをしていた

ここからは、お笑い芸人が、どのようにして一点突破してブレイクしたのかを見ていきましょう。

え？　自分たちはビジネスマンであって、お笑い芸人など参考にならないと思ったあなた。ＡＫＢ48同様、お笑いの世界も「自分マーケティング」の見本市です。

なぜなら、「自分マーケティング」をしないで売れ続けることなど至難の業《わざ》だからです。売れているお笑い芸人の多くは「今、自分がどうすれば売れるか」を常に考えています。その努力は、ビジネスマン以上です（もちろん意識せずに、それが自然にできる天才もいま

すが）。

いくらおもしろくても、同じようなタイプで売れている芸人がいると売れません。人のいない場所を探し、そこに向かって球を打つ必要があります。

たとえば、お笑い界の「ビッグ3」と呼ばれる、明石家《あかしや》さんまさん・タモリさん・ビートたけしさん。現在、彼らは自分の名前がついた冠番組を多数持っています。

たけしさんなどは映画監督としても著名なように、3人ともマルチな活躍をしています。しかし、あたりまえですが、最初からそうだったわけではありません。それぞれ、最初に世の中に認知された時には、一点突破の自分マーケティングを経《へ》て、頭角を現わしてきたのです。

ここでは、彼らが、最初にブレイクスルーした時のエピソードを紹介していきます。あなたの「自分マーケティング」を考えるうえでもヒントが詰まっています。

❶人と同じことをしない（明石家さんまさん）

明石家さんまさんがもともとは落語家だったことを知っている方は、少ないかもしれません。さんまさんは、上方《かみがた》落語界の異端児・笑福亭松之助《しょうふくていまつのすけ》師匠のもとに内弟子《うちでし》として入門し、最初は落語家として修業していました。

当初の芸名は「笑福亭さんま」。「さんま」の由来は、彼の実家が魚屋をしていたので、その連想から師匠が名づけたと言います。「明石家」は松之助師匠の本名の姓「明石」から取ったもので、落語をせずにタレントとして生きていくなら「笑福亭」の屋号は邪魔になるだろうという師匠の配慮からでした。

松之助師匠がどのようにさんまさんに接したのか、こんなエピソードがあります。入門したての内弟子は、まずは家のなかを隅々《すみずみ》まできれいにすることから修業が始まります。しかし、来る日も来る日も掃除ばかり。不満げな顔つきのさんまさんに、松之助師匠が「おもろないか」と聞きます。「はい、おもろないです」と正直に答えたさんまさんに、師匠はこう言います。

「せやけど、おもろないことを、おもろうすることはできるで」

「なるほど」と思ったさんまさん。次の日からは、いかに掃除をおもしろくするか、工夫を凝《こ》らしたとのこと。正直に「おもろないです」と言えたさんまさんもさんまさんですが、師匠の言葉も含蓄《がんちく》があります。

さて、落語家として高座《こうざ》に上がるも、あまりウケない。落語家としての才能はなさそうだと思われたさんまさん。しかし当時から光るものはあったので、漫談家か司会者として立てることができないかと、吉本興業のマネージャー的存在の人が目をつけます。

師匠に相談したところ、「好きなようにしてええで」と言われました。

落語家ではなくタレントとしての才能を見抜いたマネージャーもすごいですが、それを簡単に許した師匠もすごい。

マネージャーは、さんまさんをテレビ局に売り込みます。

その甲斐あって、人気深夜番組「11PM《イレブン》」への出演が決まりました。

当時、「11PM」は週に３日が東京の日本テレビ制作（司会・大橋巨泉《おおはしきよせん》）、２日が大阪の読売テレビ制作（司会・藤本義一《ふじもとぎいち》）でした。その大阪イレブンで「落語家の成人式」という企画があり、20歳になる上方落語家として声をかけられたのです。

出演が決まったと聞いた松之助師匠は、さんまさんに言いました。

「どうせ他の落語家はうれしがって着物を着てくるやろ。おまえは目立つために赤いスーツを着ていきなさい」

「そんなことして怒られませんか？」

心配するさんまさんに、松之助師匠はこうたたみかけます。

「ええか。人と同じことして芸人が売れるわけがない。人と変わっているからお客さんには新鮮に映《うつ》るんや。何かあったらわしが局にあやまりに行くから、好きなだけしゃべってこい」

さんまさんは師匠の言いつけを素直に守り、赤いスーツを着てしゃべりまくり、目立ちました。しかも、放送可能なギリギリの下ネタで沸《わ》かせたのです。

その放送を奥さんと一緒に見ていた師匠は「でかした」と言ったとか。

もっとも、司会の藤本義一さんからは「テレビで言うてええことと悪いことの境目《さかいめ》くらい勉強してこい」とこっぴどく怒られたそうです。

その後、さんまさんは、当時阪神タイガースのエースだった小林繁《こばやししげる》投手の形態模写で注目されるようになり、あっというまに関西ローカルの人気者になります。やがて東京に進出。その後の活躍は、みなさんがご存じのとおりです。

今のさんまさんからは想像できませんが、最初は「ものまね芸人」として一点突破したわけです。その原点は、他の着物姿の落語家のなか、赤いスーツでテレビに初登場した日。師匠から言われた「人と同じことをしないで目立つ」ことでした。

❷まずは玄人に熱狂的にウケる（タモリさん）

番組「笑っていいとも！」の約30年にわたる司会で、日本中の誰もが知る存在となったタモリさん。

現在は、「ブラタモリ」「タモリ倶楽部」「ミュージックステーション」など趣味を兼《か》ねたような番組に出演しつつ、悠々自適に暮らしているイメージです。

その芸能界デビューは何と30歳。それまで一般人として暮らしていたのですから、かなり異色の経歴です。しかも当初は、内輪ウケの「密室芸」を得意とした「キワモノ素人」として登場しました。本人ものちに「今で言うと江頭《えがしら》2:50が出てきたようなものだった」と語っています。

では、そもそもタモリさんはどのようにして、ブレイクしたのでしょう？

福岡県出身のタモリさんは、早稲田大学に進学しますが、学費不払いにより除籍されてしまいます。その後、地元に戻ったのち、保険外交員やボウリング場の支配人、喫茶店のマスターなど、さまざまな職業についていました。

ジャズ好きだったタモリさんは、ある日、博多でジャズピアニストの山下洋輔《やましたようすけ》さんのライブを観に行った時、彼らが泊まっていたホテルに乱入。得意のインチキ外国語の芸を披露しました。

やがて「福岡にすごいおもしろい奴がいる」という噂《うわさ》が、ジャズミュージシャンの間で広がり、月に1回東京に呼ばれ、新宿《しんじゅく》のバーでその芸を披露することになったのです。

その芸を見た漫画家の赤塚不二夫《あかつかふじお》さんが「この男を博多に帰してはいけない」と引き止め、自らの家に居候《いそうろう》させることにしました。赤塚さんは、タモリさんが売れるまでの間、過分なほどのお小遣《こづか》いを与え、家も車も自由に使わせ、自分は事務所の片隅で寝るというアベコベな生活を何年も送ったと言います。

なぜ、目が肥《こ》えているはずのジャズミュージシャンたちや赤塚さんが、そこまでタモリさんの芸に心酔したのでしょう。当時のタモリさんの密室芸は次のようなものです。

・全裸イグアナ
・インチキ外国語による四カ国語麻雀《マージャン》
・大相撲のハナモゲラ語中継
・思想模写（寺山修司《てらやましゅうじ》、竹村健一《たけむらけんいち》など）
・中州《なかす》産業大学教授の教養講座

これらは他にはない芸だったからです。

特に「思想模写」と呼ばれるものまねは、まったく新しく画期的《かっきてき》なものでした。

それまでのものまねは、単に外見や口調をまねるものだったのに対して、タモリさんの芸は「内面」「思想」にまで踏み込み、彼らがいかにも言いそうなことを、しかも絶対本人は言わないようなテーマで語る（たとえば竹村健一が冷し中華について解説）という高度な芸だったのです。

タモリさんは、まさに誰もいない場所を探し、そこに向かって球を打っていたのです。

そのすごさは、赤塚さんなど目が肥えた玄人《くろうと》だからこそ一目でわかったのでしょう。

❸中高年女性層を切り捨てる（ビートたけしさん）

お笑い界ビッグ3のラストは、ビートたけしさん。たけしさんも芸人を目指したのは遅く、25歳の時でした。その後の下積み時代も長く、ツービートが漫才ブーム（1980～1982年）でブレイクしたのは、8年後の33歳の時です。

たけしさんは明治大学工学部に現役合格しますが、20日くらい通って学校に行くのが嫌になりました。2年生の時に大学を辞《や》めることを決意して母親に話すと、「二度と帰ってくるな」と勘当《かんどう》され、家出同然の生活を始めます（結局、母親は大学を除籍になる6年生まで授業料を払っていたそうです）。

そして、ジャズ喫茶のボーイ、タクシーの運転手、デパート食品売り場の店員などのさまざまなアルバイトを経験しますが、将来の夢も目標もなく、「一生このままで終わるのか」という自問自答を繰り返す日々だったそうです。

その後、たまたま演芸場の浅草《あさくさ》フランス座のエレベーター番募集を見て応募、エレベーターボーイになります。そこから、芸人を目指すようになったのです。

やがて、きよしさんに出会い、漫才コンビを結成します。

しかし、最初はなかなかうまくいきませんでした。

客席がまったくウケないのです。当然まったく売れません。

そんな時、たけしさんは、たまたま見たB＆Bの漫才に衝撃を受けます。ものすごいスピードでしゃべりまくる島田洋七《しまだようしち》を目《ま》の当たりにして、「これは自分たちも今までと根本的にやりかたを変えなきゃダメだ」と思ったのです。

それまで松鶴家《しょかくや》二郎・次郎、空《そら》たかし・きよしと名乗っていたコンビ名をツービートに変え、自分がすべてネタを考え、ツッコミもボケも自分が兼ねる高速漫才を導入。下ネタや「ジジイ」「ババア」「ブス」をはじめとした差別表現など、タブー視されていたネタを取り入れることにしました。

すると、同業者からの評価が一気に上がったのです。

なかでも有名なのは、のちに「毒ガス標語」と呼ばれるようになるギャグです。

「注意1秒ケガ一生、車に飛び込め元気な子」
「寝る前にきちんと絞《し》めよう親の首」
「赤信号みんなで渡れば恐くない」
「少年よ大志を抱け、老人よ墓石を抱け」

ほどなく漫才ブームが巻き起こり、ツービートはB&Bやザ・ぼんち等とともに一躍有名になります。

しかし、アイドル的な人気があった他の2組に比べて、ツービートはお茶の間の人気者ではありませんでした。特に良識派の中高年女性層からは受け入れられず、人気は若者に限られていました。

しかしそれが、漫才ブームが終焉《しゅうえん》してからも、たけしさんが売れ続ける理由になります。ツービートはブームが完全に去る前に漫才番組から撤退し、たけしさんは「ビートたけし」として単独で当時、大人気だったラジオ番組「オールナイトニッポン」のパーソナリティを始めました。

この番組は受験生を中心に絶大な支持を得て、たけしさんは当時の若者からカリスマ的な人気を得るようになっていくのです。

●島田紳助さんの自分マーケティング

お笑いビッグ３が、どうやって最初に世の中に出たかについて見てきました。今では好きな仕事だけをしているように見える大御所であっても、最初に頭角を現わしたのは、「一点突破」だったということがわかっていただけたでしょうか？

実は、お笑い芸人における「自分マーケティング」の方法を、事細《ことこま》かく理論的に語ってくれている人がいます。

それが、今は芸能界を引退した島田紳助《しまだしんすけ》さんです。

もともと島田紳助・松本竜介《まつもとりゅうすけ》（紳助・竜介）という漫才コンビで世《よ》に出た彼が、ＮＳＣ（吉本総合芸能学院）の生徒たちに向けて、一度だけ実施された幻《まぼろし》の講義で語ったものです。ＤＶＤ『紳竜の研究』に収録されています。

ここからはその講義の内容をベースに、ビジネスパーソンであるあなたにもわかりやすいように、多少、私なりの意訳も含めながら解説していきましょう。

お笑いの世界の話ですが、自分の会社や業界に当てはめて読んでくださいね。


たとえば、漫才で世に出ることを考えた時、何から始めればいいでしょう？

紳助さんが18歳で大学を辞め、漫才師を目指そうと思った時、コンビを組む前にまず行なったことは「笑いの教科書」を作ることでした。

教科書がないものは勉強できない。それを作ったうえで、どんなコンビを組んで、どんな漫才をしていけばいいかを考えようと思ったのです。

まず当時、売れていたり自分の感覚に近いと思えたりするコンビの漫才をテープに録《と》り、その構造を徹底的に分析することから始めました。具体的には、テープ起こしをして、文章化しました。

ものすごく時間がかかりますが、これによって見えてくることが多かったのです。

たとえば、同世代ながら売れっ子だった姉妹コンビの海原千里《うなばらせんり》・万里《まり》を分析しました。

「なんで高校生やのに、こんなおもろいねん。なんで高校生やのに、こんなスターやねん」

と不思議に思ったからです。

劇場の一番前の席に座り、千里・万里の漫才をテープで隠し録りし、家で再生しては停止しながら書き起こし、それを分析しました。

すると、オチの8割が同じパターンだということに気づきます。

野球のピッチャーで言えば8割がフォークボール。しかし、2割程度のストレートで幻惑してフォークボールが来ると、バッターはつい振ってしまう（笑ってしまう）、というパターンだということに気づいたのです。

劇場で爆笑しているお客さんはもちろん、紳助さん自身も、テープ起こしをして分析するまで気づきませんでした。

同じようにして、過去から現在に至るまでの漫才も文章化して分析しました。

そうすることで、「笑い」がどんなふうに変化が繰り返されてきたかわかるので、未来にどんな「笑い」がウケるのかの予測も立てられるわけです。

●「天才・島田洋七を倒せ」

分析するなかで、紳助さんがもっとも衝撃を受けたのは、ビートたけしさん同様、やはりB&Bの島田洋七さんでした。

「すげー、この人は天才」と思い、まず「島田洋七を倒す」ことを目標に掲げます。

そのために洋七さんの師匠を調べ、同じ師匠（島《しま》田《だ》洋《よう》之介《のすけ》・今《いま》喜《き》多《た》代《よ》の夫婦漫才コンビ）に入門します。芸名が同じ「島田」なのは同門だからです。

ずっと洋七さんについて回り、彼の漫才を徹底的に分析しました。

そのうえで「リズム」「テンポ」「間《ま》」などをコピーする（パクる）ことにしました。

なぜなら細かく分析したことで、B&Bの漫才の最大の弱点を見つけ、パクっても絶対に勝てると確信したからです。

次に、自分で考えた「漫才の公式」を再現してくれそうな相方を探します。

最初の2人は、紳助さんの厳しいダメ出しに耐えられず、逃亡。同期の明石家さんまさんの紹介で「とにかく根性だけはあるから」と松本竜介さんと出会い、コンビを結成しました。

そして、それまで暗黙の了解事項「漫才は老若男女を笑わせるもの」「漫才は背広姿でするもの」を破ります。ターゲットを若い男性に絞り、リーゼントヘアにつなぎというスタイルで、当時の不良少年スタイルで演じる「ツッパリ漫才」を開発したのです。

こうして紳助・竜介は漫才ブームにも乗り、一躍売れっ子になりました。

世間では、見た目やネタがまったく違うので気づきませんでしたが、洋七さんからは「俺の漫才をパクるな！」と怒られたそうです。

それに対して、紳助さんは「いや、ネタはパクってませんやん。システムをパクったんですわ」と弁明しています。

●自分だけの「公式」を作る

紳助さんは、NSCの生徒たちに向かって、今まで語ったことを「公式」にして説明しています。まず「XとYの要素を徹底的に考えろ」。

Xとは、「自分軸」。「自分の戦力。自分に何ができるか」の軸です。

Yとは、「世の中のトレンド軸」。「時代による笑いの流れや変化」の軸です。

どちらも、前述したような過去から現在までの漫才の分析から見えてきたものです。このXとYをわかったうえで、はじめて悩めと言います。「俺は何しよ。どうしたらええんやろ。どうしたら売れるんやろ。どんな笑いを作ろ」と。

この作業は、本書で使い続けてきた言葉にすれば「一点突破する場所＝どこにボールを打てばいいか」という分析です。もちろん「自分にその場所に打てる能力があるか」を見極めることも含みます。

XとYがうまくぶつかると、売れる確率が高くなります。

にもかかわらず、「XとYを何も分析せずに何をすればいいか悩んでいる人が多い」。

紳助さんは、後輩からは「新しい笑いをやりたいんですよ。どうしたらいいですかね」、先輩からは「どうしたらええんや」と相談されると、「アホちゃうか。そんなの答えがわかるわけがない。なぜならXはすべて人によって違うし本人しかわからないことだから」と思っていたと言います。

まず自分だけの「公式」を作ることが大事なのです。

公式を作らずに「おもろいこと考えようぜ」「ネタ合わせしようぜ」「なんか新しいこと

やろうぜ」「よそがやってないことしようぜ」としても、うまくいく確率は低いのです。

もちろん、たまたま当たってしまうこともあります。

でも、たまたま当たっても数年で必ず消えてしまう。

なぜなら、「公式」が存在せず、偶然に「答え」が当たったにすぎないからです。

学校のテストと同じで、たまたま答えが合うことはある。しかし、それでは自分（X）のなかに根拠がない。世の中のトレンド（Y）は動くので、それについていけなくなると言うのです。

これはお笑いに限らず、すべてのビジネスでも同じではないでしょうか？

●一点突破したあとに売れ続ける秘訣

紳助さんは、一点突破したあとについても言及しています。

お笑い業界には、「一発屋」と呼ばれている方が多数います。

彼らとビッグ3のような売れ続ける方とは何が違うのでしょうか？

「一発屋」はXとYの公式を考えずに、自分がたまたましていたことが当たった時に起こる現象だと紳助さんは分析しています。

出会い頭《がしら》に起こった事故のようなものだから、インパクトがあってボーンと売れる。しかしYがズレると、もう修正できない。

それが、「一発屋」はブームが去ると消えてしまう原因だと。

ビッグ3のように長く売れ続けている人は、すこしずつ自分のXを修正してYに寄せていく作業を常に行なっています。だから大きな当たりにはならないけれども、継続して売れ続けているのです。

確かに、明石家さんまさんも、タモリさんも、ビートたけしさんも、最初に世の中に出てきた時は、一点突破でインパクトの強い芸風でした。しかし時代時代で「自分マーケティング」して、すこしずつスタイルを変えています。

そうすることで、彼らはずっと売れ続けているのです。

漫才ブームが去った時、あれほどお茶の間を沸かせ、アイドル的人気を誇った若手コンビの多くはその後、テレビで見かけなくなりました。たけしさんや紳助さんに衝撃を与え、天才と思われた島田洋七さんのB&Bも例外ではありません。

しかし、同じくブームで売れたたけしさんや紳助さんは、ブームが去ってから、より人気を得ていきました。２人ともブームが去る前に事実上、漫才から撤退し、次のステージに移ったことが勝因です。

洋七さんは当時のことを、次のように述懐しています。

「たけしは漫才ブームの真っ最中から、ブーム終焉後のことを模索していた。いっぽう、俺は今さえよければいいやと何も考えていなかった」

一点突破で売れた時こそ、次の「自分マーケティング」が重要なのです。

●『ゴルゴ13』から何を学ぶか？

ここで、「はじめに」でお約束した『ゴルゴ13』という作品と、その主人公・デューク東郷について見ておきましょう。長年にわたって高いレベルを継続し、売れ続ける教科書のような存在だからです。

『ゴルゴ13』を知らない人は少ないと思いますが、ごく簡単に説明しておきます。

年齢・国籍・経歴いずれも不明の超A級国際的スナイパー（狙撃手《そげきしゅ》）「ゴルゴ13」こと

デューク東郷を主人公に、クライアントから依頼された「狙撃」という仕事《ビジネス》を、原則1話完結で描いたハードボイルド作品です。作者はさいとう・たかをさん。

1968年11月からコミック誌「ビッグコミック」で連載を開始。連載継続中としては日本一の長寿マンガであり、単行本は2018年11月時点で190巻を数え、シリーズ総発行部数は2億8000万部を超えるモンスター作品です。

なぜ連載開始当初から、その他大勢の作品から抜け出して大人気を得たのか？

主人公のデューク東郷は狙撃を生業《なりわい》にしており、普通ならば忌《い》み嫌われる存在です。さいとう・たかをさんも当初、読者の支持が集まるかを危惧《きぐ》していました。連載もせいぜい10回くらいだろうと考え、最終回のストーリーまで考えていたそうです。

しかし、連載開始から、読者は『ゴルゴ13』を圧倒的に支持しました。

デューク東郷がスナイパーとして天才的であるだけでなく格闘技の達人で、あらゆる乗り物の運転・操縦はお手のもの、訛《なま》りのない発音で10カ国語以上を操《あやつ》るといった超人的能力もさることながら、いかなる権力や人物に媚《こ》びへつらうことなく、あらゆる思想や宗教からも中立という立場を取り、無表情で淡々《たんたん》と仕事を完遂するプロフェッショナルな仕事ぶりが支持されたのです。

それは、今までのマンガの主人公にはなかったキャラでした。ストーリーも当時の世界情勢が色濃く反映されており、その裏でゴルゴが暗躍する設定が多く、1話ごとに舞台が世界中のさまざまな場所に変わるスケールの大きさも異色でした。

言わば、誰もいないところにボールを打ったわけです。

作品のなかでも、デューク東郷は狙撃成功率99％以上という仕事の遂行能力はもちろん、「報酬は前払い」「正体を明かさない依頼人の仕事は受けない」「依頼人とは二度と会わない」などのルールを徹底することで、自分の価値をより高めています。「自分マーケティング」に長《た》けていたことがよくわかりますね。

2018年、『ゴルゴ13』は、何と連載50周年を迎えました。

連載を続けるということは、作家の意志だけではできません。読者からの支持があり、出版社が継続して依頼し続けなければ達成できないものです。

連載開始から20年は、アメリカとソビエト連邦の対立を中心とした東西冷戦の真《ま》っ只中《ただなか》でした。ストーリーも、その状況があるからこそ成立するような設定が多かった。

ところが、1989年にベルリンの壁が壊《こわ》され、1991年にソ連が崩壊して、冷戦は終結を迎えます。ストーリーの魅力が半減する可能性もありましたが、『ゴルゴ13』はそうなりませんでした。その時々の世界情勢を巧《たく》みに取り入れ、現在進行形で読者の支持を集め続けています。

幹《みき》の部分はブレずに、時代に合わせて変わり続けなければ、支持を集め続けることはできません。前述の「XとYの公式」で言えば、作品の「X」を修正して「Y」に寄せていく作業を常に行なっているのです。

『ゴルゴ13』という作品からも、デューク東郷という主人公の仕事ぶりからも、学ぶべきものは多い。もちろん「殺し」を見習うということではなく、その準備や方法をビジネスに生かすということですよ。念のため。

第3章

あなたが「一点突破」する方法

●自分の強みを洗い出す

第2章では、アイドルやお笑い芸人など芸能人を例にして、彼らがどのように「自分マーケティング」をして一点突破をしたかを紹介しました。

イメージはわかったし、確かに「なるほど」と思うけど、さて自分が何から始めていいかわからないという方も多いかもしれません。そこで第3章では、あなたが一点突破する方法を、できるだけ具体的に考えていきます。

想定しているのは、会社員・自営業・フリーランスなどで、まだ誰もが目を見張るような実績を出していない人たちです。もちろん、実績はあるけど、なかなかそれをうまく伝えきれてない人も含みます。

これらの戦術を始める前に、やっておいてほしい前提があります。

それは、「自分の強み」を洗い出しておくこと。

第2章の終わりに書いた「XとYの公式」におけるXにあたる部分です。

「自分の強み」は次の三つに分けられます。

①自分が知っている強み
②他人から見た強み
③自分も他人もまだ気づいていない潜在的な強み

まず①です。自分が「強み」と思っていることを洗い出してください。実はこれはあまり使えないことが多いのですが、最初に必要なプロセスです。

同時に「弱み」も書き出しておきましょう。「弱み」は「強み」と表裏一体です。第1章で紹介した池上彰さんも語っていたように、自分では「弱み」だと思っていることが一番の「強み」になることはよくあります。私自身もそうでした。

②の「他人から見た強み」は、自分ではわかりません。人に聞くしかありません。できるだけ多くの人に聞いて、自分の「強み」を教えてもらいましょう。

ストレートに聞きにくいのであれば、自分に何かの「役割」や「仕事」が振られた時、その相手にむかって「どうして自分にその役割や仕事を頼んだのか？」を質問するという方法もあります。

こうして、「自分が知っている強み」「他人から見た強み」を洗い出したら、③の「自分も他人もまだ気づいていない潜在的な強み」を発見するステップに入ります。

これこそが「自分マーケティング」において、「最強の強み」になります。

ただし、これを発見するのはなかなか難しい。

ですので、いったん「自分も他人もまだ気づいていない潜在的な強み」を忘れてください。そして、次項で掲げる「一点突破するための戦術」のなかで、できそうなことがないかを考えてください。

それを実行していくうちに、「自分も他人もまだ気づいていない潜在的な強み」を発見することがあるからです。

私の場合で言うと、次ページのように「物事を分類・法則化」することが、本を書くうえでの「強み」になっています。しかし、以前の私はそんな「強み」があるとはまったく気づいていませんでした。まさに「潜在的な強み」です。

●一点突破するための、九つの戦術

自分の強みを洗い出したら、次に挙げる戦術からどれができるかを考えてください。

一点突破するための戦術９カ条（一点ナイン）

戦術１　業界の「あたりまえ」を言語化して発信する
戦術２　自分が興味あることにどっぷりハマる
戦術３　誰かの役に立つことを徹底的に提供する
戦術４　狭い分野でナンバー１になる
戦術５　ノウハウを法則化してわかりやすく伝える
戦術６　とにかく自分が欲しいものを作る
戦術７　自分に求められているものを提供する
戦術８　わかりやすいキャラを構築する
戦術９　二つのジャンルを掛け合わせる

いずれもカッコいい方法ではありません。泥くさい方法です。しかし天才でないあなたが一点突破していくには、地道なことを積み重ねるしかないのです。

「一点突破するための戦術9カ条（一点ナイン）」は、「受け手目線で考える」「発信者目線で考える」の二つの方向性に分けられます。

戦術1・3・5・7は、「受け手目線」。
戦術2・4・6・8は、「発信者目線」。
戦術9は、「受け手目線」と「発信者目線」の組み合わせ。

「受け手目線」の一点突破術のほうが、打率は高くなります。しかし、当たれば大きいのは「発信者目線」の一点突破術です。もちろん、「発信者目線」でも、ある程度「受け手目線」を取り入れたほうが、打率は高くなります。

ひとつの戦術に固執するのではなく、組み合わせることも可能です。

それぞれの戦略を説明したあとには、有名人や一般人を問わず、その戦術で一点突破した方のストーリーを紹介します（仮名の方はプライバシーを考慮して設定をアレンジしている場合もあります）。あなたが一点突破を目指す際の参考にしてください。

それでは見ていきましょう。

戦術1　業界の「あたりまえ」を言語化して発信する

その業界にいる人にとっては、誰もが知っているあたりまえの知識やノウハウであっても、外の人が聞くと「知らなかった」「それはすごい」「役に立つ」と思ってもらえることが往々にしてあります。

そのような、業界ならではの知識やノウハウをわかりやすくブログやSNSで発信していくと、思いも寄らない反響が生まれ、そのなかで一点突破できることがあります。

弁護士、公認会計士、税理士、司法書士、行政書士、社労士などの士業。

医者、看護師、薬剤師、鍼灸《しんきゅう》師など医療関係。

これらはわかりやすいですが、それだけではありません。どの業界でも成立します。

「製造」「流通」「金融」「不動産」「エネルギー」「商社」「外食」「IT」「広告」「出版」

「メディア」などでも、「業界ではあたりまえだけど、外の人が聞くと感心するような知識やノウハウ」があるはずです。

もちろん、会社・団体・個人の機密保持にかかわることは不可ですが、抽象化して伝えるぶんには問題ないでしょう。

次のような疑問を持つかもしれません。

「私は行政書士ですが、その業界で知名度がないので発信なんて無理です」

はっきり言って、業界での知名度、格《かく》など関係ありません。

なぜなら、業界外の人間は業界内のことを知りませんから。むしろ、こうして発信を続けた人のほうが、業界内の有名人よりも知られていることは少なくありません。

「管理部門の会社員なのですが、可能でしょうか？」

もちろん可能です。経理や総務の裏話・裏技は多くの人が興味を持つでしょう。

●仕事で培ったスキルを発信、収入も知名度も大幅UP（フリーライター・Aさん）

Aさんはもともとフリーランスのライターでした。

大学卒業後、役者を目指していましたが、挫折。アルバイトである雑誌の取材を頼まれたことがきっかけで、ライターの仕事をするようになりました。

どんなジャンルの仕事も断《こと》わらず、締め切りをきちんと守って仕上げるので、編集者からは重宝されました。文章も最初は我流《がりゅう》で癖《くせ》がありましたが、厳しい編集者に鍛えられてうまくなっていきました。

そこそこ売れっ子ではあったものの、業界で誰もが知っているような有名人ではありません。同じようなポジションのライターは大勢います。

ある時、たまたま取材で会った人から「文章がヘタで困っている。どう書いたらいいのか？」と相談されました。それがきっかけで、Aさんは、ライターの仕事で得たライティング（執筆）技術をブログで発信するようになります。

Aさん本人も体系的に学んだことはなく、編集者から何度も指示・指摘されるなかで学んできたことです。かといって、特別すごいことが書いてあるわけではなく、出版業界ではあたりまえのことばかりです。

しかし、多くの人は、「実用で使える文章術」を習ったことがありません。社会人にとっては一番必要な技術であるのに、学校でも教えてくれません。

Aさんのブログは徐々にアクセスを集めるようになりました。

すると今度は、勉強会の講師に呼ばれます。ライティングのスキルを教えてほしいと言うのです。謝礼は交通費に毛が生えた程度でしたが、そのようなことを頼まれたことがなかったので快《こころよ》く引き受け、全力で資料を作りました。勉強会はとても好評でした。

その様子をブログで書くと、また別の勉強会に講師で呼ばれました。そうやって繰り返していくうちに、ブログのアクセスは増え、謝礼の金額も上がっていきました。

Aさんはここで気づきます。

自分はひょっとしたらライターを続けるよりも、「ライティングのスキル＝文章術」を教えるほうが向いているし、満足感も高まるのではないかと。

言わば「自分マーケティング」をしたのです。

Aさんは、今までブログに書いたり勉強会で話したりした内容を体系化。PDFにしてネットで販売しました。まだ電子書籍がそれほど流通していない頃で、よく売れました。

やがて、そのPDFを読んだ出版社から「文章術」の本の依頼が来ました。自分に本当に書けるのかと葛藤《かっとう》はありましたが、「これはチャンス」と全力で取り組みました。本はそこそこ売れ、それをきっかけに数社の出版社から依頼がありました。

今ではライターの仕事はせず、文章術の著者と講師としての仕事がメインになっています。収入も知名度も満足感も大幅に上がったのです。

●自分の職業を小説化してベストセラー（公認会計士・山田真哉さん）

前項の応用編としては、業界ではあたりまえの知識を生かして、エンタメ（エンターテインメント）作品として発表することがあります。

2005年に刊行された『さおだけ屋はなぜ潰れないのか？』は160万部超えの大ベストセラーになりました。著者は、公認会計士の山田真哉《やまだしんや》さん。発売された当時、山田さんはまだ20代でした。

なぜ、若くして大ベストセラーを出すことができたのでしょう？

そこには、山田さんならではの「自分マーケティング」がありました。

山田さんは大阪大学文学部史学科を卒業して、大手予備校・東進ハイスクールに就職します。学生時代、兵庫県の予備校で現代文と古文漢文のアルバイト講師をしており、なかなか好評だったので、「自分は教える才能がある」と自負していたのです。

しかし上京して入社すると、その自信は粉々《こなごな》に打ち砕《くだ》かれました。

ひとりのモンスター人気講師がいたのです。今テレビで大活躍中の林修《はやしおさむ》さんです。

これはとてもかなわないと、わずか2カ月で退社。地元の神戸《こうべ》に戻ってニートのような生活をしていましたが、体裁《ていさい》が悪いので何か資格を取ろうと専門学校に相談しました。その時に渡されたのが、公認会計士の受講案内でした（のちに、それが一番授業料の高いコースだったと知ります）。

公認会計士がどのような職業かよくわからないまま、山田さんは猛勉強して1年で超難関の二次試験に合格します。文学部史学科卒の公認会計士はかなり珍しい存在です。

東京の大手監査法人に入社し、若手会計士の団体の会合に参加するようになります。そこでジャンケンに負け、広報委員長を押しつけられてしまいます。最大の仕事は、公認会計士受験生用機関誌の連載記事を企画すること。

山田さんが企画したのは、公認会計士の仕事がイメージできるようなエンタメ小説でした。自分が受験生だった時、職業のイメージが浮かばないまま勉強をしていたので、楽しくそれがわかるような小説があれば役立つのではと思ったのです。

予算がないこともあり、自分で書くことを提案して了承を得ました。そこで書き始めたのが『女子大生会計士の事件簿』です。堅《かた》いイメージの公認会計士と正反対である女子大生を主人公にしたラノベ（ライトノベル）風の推理小説にしたのです。

エンタメ作品として楽しみながら、「公認会計士がどんな仕事をするのか」や「そもそも会計とは何か」を学べる内容になっていました。

つまり業界ではあたりまえの知識を使って、エンタメ作品に仕上げたのです。

『女子大生会計士の事件簿』は大好評で、多くの人からバックナンバーを求められるまでになりました。

山田さんは次の行動に出ます。

1年分の連載をまとめ「本にしませんか？」と出版社に売り込みに行ったのです。しかし30社ほど持ち込んでも、何の実績もない若手会計士の小説を本にしようとする出版社は現われません。

そこで山田さんは勝負に出ます。

貯金から180万円をはたいて自費出版をすることにしたのです。

もともとそれほど売れるとは思っていませんでしたが、本ができると「せっかく大金を出すのだからたくさん売りたい」という欲が出てきます。

しかし、自費出版ですから、出版社の営業部は動いてくれません。そこで休みの日に自ら書店に出向き、不慣れな営業をして注文を取り続けました。50店舗以上の書店で500冊の注文を取ったそうです。

このままでは置いてくれた書店に申しわけないと、自腹《じばら》（小型車が1台買えるくらい）で日本経済新聞に半5段の広告を打ちます。

これが爆発的に当たり、自費出版としては異例のヒット作品になりました。

それを知った大手出版社から声がかかり、再発売されることに。シリーズは続き、『女子大生会計士の事件簿』はシリーズ累計100万部を突破する大ベストセラーとなり、のちにドラマ化もされました。

そこから山田さんは実用書やビジネス書を次々と出版するようになり、ミリオンセラーの『さおだけ屋はなぜ潰れないのか?』につながったのです。

戦術2 自分が興味あることにどっぷりハマる

戦術1は「受け手目線」の一点突破術でしたが、戦術2は「発信者目線」の一点突破術です。自分が興味あることにどっぷりハマる――これは、あなたの感情が沸き立つほど興味があったり、好きだったりすることを究《きわ》めることで一点突破する手法です。

「マツコの知らない世界」というテレビ番組にはさまざまなジャンル、たとえば「かき氷」「バター」「駅弁」「ポン酢」「プラレール」「終着駅」「ジェットコースター」「県境」「富士山《ふじさん》登山」「キャリーケース」などを究めた人が登場します。かき氷であれば年間1800杯食べる、バターであれば1日1キログラム食べるといった猛者《もさ》たちです。

戦術2は、この番組に出演する人のようなイメージです。

ただし、よほど好きでハマらないと一点突破まではいかないので、その覚悟がある方のみにオススメします。

●会社員をしながら得た「築地王」の称号（広告会社社員・小関敦之さん）

小関敦之《こせきあつし》さんは33歳の時に、銀行系のシンクタンクから広告会社に転職しました。しかし配属先の部署は多忙をきわめ、厳しい上司のもと、今までと違う社風や仕事のやり方になじめませんでした。

自分でも戦力になっていないことへのもどかしさを感じており、当時はどうしたら上司の逆鱗《げきりん》に触れずに1日を過ごせるかだけを考えて、仕事をこなしていたそうです。

3年半がたち、小関さんは他の部署に異動になりました。事実上の戦力外告知です。しかしそのおかげで、彼の人生は大きく変わることになります。

仕事に余裕ができた小関さんは、はじめてランチで築地《つきじ》市場に行きました。オフィスは築地市場から徒歩数分の場所にあったのですが、それまで忙しすぎて一度も行ったことがなかったのです。

その独特の雰囲気に心を動かされた小関さんは築地に通うようになり、当時流行《はや》っていたWeb日記に、コツコツと食べたものを載《の》せるようになります。自分は記憶力がないからと、かなり細かな情報も記録する地道な作業を日々続けていました。もとから好きなものに熱中するタイプでもありました。

ある時、小関さんは知り合いから人気番組だった「テレビチャンピオン」で「築地王選手権」が開かれることを耳にします。試《ため》しに応募すると、出演が決まりました。

他の出演者は個性が強く、テレビ映《ば》えするキャラの持ち主ばかり。「築地市場の近くに勤務するサラリーマン」ではキャラが弱いということで、続けていたWeb日記をもとに「築地市場を食べ尽くせ」というサイトを作り、プロフィールに色づけしました。

クイズの問題は「回転寿司の皿の一部の写真を見てどのお店のものかを当てる」「目隠しをしてお店に入るだけでどのお店かを当てる」など、マニアックなものでしたが、小関さんは見事、優勝。

2003年、初代「築地王」という称号を手にしました。

日々、日記をつけていたおかげです。

その後、小関さんは会社勤めのかたわら、個人名刺などで「築地王」をアピールし続けた結果、編集者と知り合い『築地で食べる』という本を出版。ベストセラーになったことで、多くのメディアから声がかかるようになりました。

自分が興味あることにどっぷりハマることで、仕事以外の部分で一点突破に成功したのです。現在、早期退職して独立していますが、小関さんを有名にした「築地王」は、自身によって商標登録されています。

●忘れていた「好きなもの」でブレイク（シャークジャーナリスト・沼口麻子さん）

沼口麻子《ぬまぐちあさこ》さんは、世界でたったひとりの〝シャークジャーナリスト〟です。シャークとは英語でサメのこと。要は、サメを専門に扱うジャーナリストということです。

この肩書は、沼口さん自身が考えました。

研究者でもなく、保全活動家でもない。全国を巡り、とにかくサメを取材し、発信していく。日本はもちろん、世界でもこのような人はいないそうです。普通に考えると、職業として成立しなさそうですが、沼口さんは「サメ好き」が高じてシャークジャーナリストの肩書で活動するようになって、すでに6年になります。

沼口さんは、小さい頃から魚類が大好きでした。中学の頃にはピラニアを飼うようになり、徐々に大型魚類に興味を持つようになりました。そして、大型魚類のことを知りたいと東海大学海洋学部に進学します。

大学では、さまざまな魚類のなかから「サメ」を研究対象に選びます。理由は「一般的なイメージと実際の姿のギャップが一番大きい」と思ったからです。

卒業論文のため、小笠原《おがさわら》諸島の父島《ちちじま》に移住。周辺海域に生息するサメを調査しました。その間、「サメ愛」はどんどん強くなり、大学院の修士課程まで進み研究しましたが、結局、サメに関係する仕事にはつけず、一般企業に就職することになります。

その際「中途半端にサメにかかわったら仕事に支障が出る」と「サメと決別する」ことにしました。サメ関係の本や論文もすべて捨て、東京のＩＴ企業で８年間プログラマーとして働いたのです。

しかしある朝、会社に行こうとしたら、突然立ち上がれなくなってしまいました。体が悲鳴を上げていたのです。そこから、会社を休職することになります。

沼口さんは、家に引きこもって、「私は人生で何がやりたいんだろう？」と考え続けました。その結果、「そうだ、私はサメが好きだった！」と思い出したのです。

水族館や研究機関への転職も考えましたが、その時点で32歳。大学院を卒業後、実務経験がないことで書類選考も通りません。またプログラマーに戻っても、結局同じことになるのではと思いました。

「私は人より何ができるだろう？」と悩むうちに、やはり自分の強みは「サメ」しかないと考えるようになりました。

ＩＴ企業に勤めていたので、情報発信などはお手の物。「シャークジャーナリスト」という肩書を作り、フェイスブックでサメのことを書いてみると、１０００人以上から反応がありました。そこから、本格的にサメの情報発信を始めるようになったのです。

やがて会社を辞めると、すぐに「サメの専門家」としてテレビ出演や講演会、雑誌連載などの仕事が舞い込みます。意外にも需要があったのです。自ら主催するサメイベントにも、多くの人が来てくれました。

そもそもサメは、専門家と呼べる人が国内に30人程度しかいないニッチな分野だったのです。食用にならないという理由で、他の大型魚に比べて研究費が下りないからです。それでいながら、他の魚に比べインパクトが強いことが追い風になりました。

会社を辞めてからは、住まいも母校近くの静岡市清水《しみず》に移しました。焼津《やいづ》や沼津《ぬまづ》の知り合いの漁師から「サメが捕《と》れた」と連絡があった時に、車で1時間以内に駆けつけることができるという理由からです。

こうして、世界唯一の「シャークジャーナリスト」が誕生しました。

沼口さんは、2018年5月に『ほぼ命がけサメ図鑑』というはじめての著書を出版しました。シャークジャーナリストとして活動し始めた当初、より多くの人にサメを知ってもらいたいと本の企画を立てましたが、多くの出版社から「サメでは売れない」と断わられていました。

そのようななか、たまたまある編集者の目に留《と》まり、出版が決まったのです。

しかし喜びも束《つか》のま、そこからが茨《いばら》の道でした。書いても書いても「違う」と書き直し。何度も何度も変更になり、発売されるまで5年以上の年月がかかりました。

しかしそのぶん、厚みのあるおもしろい本になり、「サメ」というニッチな分野にもかかわらず、発売直後からとてもよく売れています。そして、この本により沼口さんはさまざまなメディアで引っ張りだこの状態になりました。

会社を辞めて以来、「なぜ就職しないんだ?」と怒っていた沼口さんのお父さんも、本が出てようやく「サメが仕事」ということを認識してくれたと言います。

どん底時代に自分の強みを自分マーケティングした結果、自分が興味あることにどっぷりハマることで、世界唯一の活動ができているのです。

●戦略的に「興味あるもの」を探して辿り着いたもの（職人醤油・高橋万太郎さん）

醤油専門サイトの「職人醤油《しょうゆ》」を運営する高橋万太郎《たかはしまんたろう》さんの場合は、最初から「興味があるものにハマった」のではなく、「戦略的にハマって」一点突破したケースです。

高橋さんは立命館大学を卒業後、世界的精密機器メーカーのキーエンスに就職します。配属先は、「デジタルマイクロスコープ」という顕微鏡《けんびきょう》を営業するセクション。先輩からは、営業する際に「三つの視点（自分の視点、相手の視点、天井から見ているであろう第三者の視点）で考える」ことを教わります。そのおかげで、どのようなコミュニケーションを取れば、お客さんが気持ちよいかを常に考えるようになりました。

もともとできるだけ早く起業したいという思いがあり、仕事をしているうちにやりたいことが見つかるだろうと考えていました。しかし3年たっても、やりたい仕事が見つかりません。

もやもやしていた時、高橋さんはスティーブ・ジョブズのスピーチに出合います。そして「自分がすばらしいと信じる仕事」を自ら探すことを決意します。

そして、自分の営業力を生かせる分野をリストアップしていくうちに目に留まったのが、「日本の伝統産業」というキーワードです。

２００６年、高橋さんは３年間勤めたキーエンスを退職します。退職と同時に結婚。新婚旅行を兼ねて、日本全国の伝統産業の現場を見に行くというマーケティング旅行に出ました。２年は貯金でしのぎ、ダメならサラリーマンに戻るつもりでした。３カ月間の旅を終え、現場を見たところは３００以上あったそうです。

そのなかで、より身近なものということで、食品に絞りました。作っている人たちは口をそろえて「商品には自信があるけど売れない」と言います。本来、職人は商人ではありません。高橋さんは今まで扱ってきた分野とはまったく違うが、自分の「営業力」で売ってやろうと思ったのです。

「醤油」に絞ったのは、「日本酒」「緑茶」「味噌《みそ》」などに比べると、ほとんど専門店がなく、ライバルがいないという理由でした。

高橋さんは、そこから「醤油」を徹底的に学び始めます。全国の蔵元《くらもと》を巡り、製造方法、設備など、徐々に醤油に関する知識を深めていきました。

そして、100ミリリットルのミニサイズで販売することを思いつきます。醤油はすぐに減るわけではないので、自分がお客さんの立場になると、多少割高《わりだか》でもミニサイズでいろいろ試してみたいと思ったからです。

こうして、サイト「職人醤油」をオープン、販売を始めました。最初は8種類しかなく、なかなか売れませんでしたが、取り扱う蔵元を増やしていくと、徐々にメディアの取材が入るようになります。

2009年に故郷・群馬県前橋《まえばし》市にUターンすると、翌年には小さいながらも実店舗をかまえます。そして2016年には松屋銀座《ぎんざ》から声がかかり、出店をはたしました。

高橋さんの場合、最初から「醤油」に興味があったわけではありません。自分の「スキル」を一番生かせ、自分がすばらしいと信じることのできる仕事を探し求めたことで、一点突破したのです。

戦術3　誰かの役に立つことを徹底的に提供する

戦術3は、ふたたび「受け手目線」の一点突破術で、誰かの役に立つことを徹底的に提供する手法です。「誰かの役に立つこと」を徹底的に提供し続ければ、まわりが放っておきません。

人間には「返報性《へんぽうせい》の原理」という性質があります。簡単に言えば、何かを与えられたらお返しをしたくなるという心理です。

たとえば、あなたに得意なことがあれば、そのスキルを提供する。

あなたが知り合いを多く持っていれば、人と人を結びつける。

このようにして、「誰かの役に立つこと」を続けていくのです。その活動が本当に受け手から感謝されるようなものになっていれば、いつのまにか一点突破できているのです。

早速見てみましょう。

●ビジネススクール〝落ちこぼれ〟の選択（外資系企業マネージャー・Bさん）

現在、外資系企業のマネージャーを務めるBさんは前の会社にいた時、一《いち》から勉強し直そうと、MBAを習得できる大学院の社会人向けビジネススクールに入りました。

実際に通ってみると、まわりのレベルがあまりに高いことに気づきます。

そこは、一流企業の優秀なビジネスパーソンが集まるコースだったのです。

Bさんは完全な落ちこぼれで、クラスメイトの足を引っ張っていると感じました。しかし、みんな優秀だけど、それぞれに閉じこもっているようで、クラスとしてのまとまりはありませんでした。

Bさんは考えます。落ちこぼれの自分が、このクラスのために何か貢献できることはないだろうか、と。

自分がクラスメイトよりも得意に思えることは、エクセルの活用術くらいしかありません。Bさんは勝手に部活動を立ち上げるのです。題して「エクセル部」。自分が得意だったエクセルの活用術をレクチャーする会でした。

すると、クラスメイトの過半数がその講義を聴《き》いてくれました。

講義を続けていくことで、感謝されることが多くなり、クラスの団結も生まれ、Bさん自身も教えるのがうまくなっていきました。

まさにいいことずくめです。

そうこうしているうちに、クラスメイトからの口コミでエクセル本の出版も決まり、そこから現在の会社に好条件で転職することにつながりました。自分にできることで、「誰かの役に立つこと」を探し、それを追求することで活路《かつろ》を見出したわけです。

●「貯人」のおかげで、退職後すぐに取締役のオファー（出版社役員・Cさん）

中堅出版社に30年以上勤めたCさんは、「誰かの役に立つこと」を徹底的に提供してきた結果、会社を退社後、すぐに同業他社から声がかかり、取締役に就任しています。

Cさんは営業部に配属された新人の頃、本の帯《おび》に着目しました。

帯とは、書籍本体に巻かれているキャッチコピーや内容が書かれた紙片《しへん》のことです。帯は破れやすく、折れやすい。そしてすこしでも汚れたり、破れたりした帯がついた本は、書店から出版社に返本されてしまいます。

「それはもったいない」と、Cさんは書店を回る時に新刊の帯を必ず持参して、破れた帯を交換するというアイデアを思いつきました。書店員は、「自分の会社の商品を大切にする人だなぁ」と感心し、記憶に残る営業マンになりました。

書店員との交流も増えます。すると、自社の本を扱ってもらえたり、目立つ場所に置いてもらえたりすることが増え、よい循環が生まれるようになりました。

営業部での実績が認められ、編集部に異動したCさんは、そこから〝手紙魔《ま》〟になります。

有名・無名を問わず、会いたいと思った人に丁寧な手紙を送ります。作家はもちろん、ライバルであるはずの他社の編集者にも送るのです。そして、返事が来たら直接会いにいく。その人のためになるだろうと思われる話のネタを持参してです。

そのような日々を送っているうちに、Cさんには「貯金」ならぬ大きな「貯人」ができました。「人の財産」のことです。

社外のいろいろな人がCさんを頼って、相談しに来ることが増えていきます。その多くはライバルでもある他社の人間です。それでも、Cさんはアイデアを提供し、それに役立つ人も紹介しました。しかも、見返りを求めない「ノーリターン主義」。こうしてCさんは、業界のなかで多くの人から一目《いちもく》置かれる有名人になっていきました。

いっぽう、社内では順風満帆とはいきませんでした。トップから信頼され、社内改革に携わったこともありましたが、反対勢力と衝突して閑職に飛ばされたこともあります。先見《せんけん》の明《めい》がありすぎたのでしょう。今ではあたりまえのアイデアが、当時としては斬新すぎて受け入れられなかったのです。保守的な抵抗勢力とも反《そ》りが合いませんでした。

そのようなこともあり、Cさんは定年を前に退社することになりました。

すると、その噂を聞きつけた他の出版社が、取締役のポストを用意してCさんを迎えました。現在、社内改革を任されて、いきいきと働いています。

Cさんの場合は、一点突破とはややニュアンスが違うかもしれません。しかし、ずっと他人の役に立つことを徹底的に提供していたからこそ、退社してすぐに他社からのオファーがあったことは紛《まぎ》れもない事実です。

戦術４　狭い分野でナンバー1になる

戦術4は、「発信者目線」の一点突破術です。

「第一人者」という言葉がありますが、やはりどんな分野であれ、その分野にもっとも精通していれば、業界の内外から信用されます。まさに、一点突破しやすい。

あなたは「そんな簡単にナンバー1になれたら苦労しないよ」と思うかもしれません。

そのとおりです。だからこそ、市場をうんと狭くするのです。

自分がナンバー1になれる可能性がある、勝ち目のある市場になるまで絞り込み、そこで戦うのです。

どんなに小さなエリアでも、どんなに小さな分野でもかまわないので、まずナンバー1になること。そうすれば一点突破できるのです。

まだ信じられないあなた、具体例を挙げましょう。

●ペット法務を第一に掲げて商売繁盛（行政書士・杉井貴幸さん）

行政書士・杉井《すぎい》貴幸《たかゆき》さんは、埼玉県郊外に事務所を開いて3年半ほどですが、狭い分野でナンバー1になる「自分マーケティング」で、名前を知られるようになった好例です。

現在はネット番組のMCもつとめ、著書も2冊出版しています。

杉井さんの経歴で最大のウリは、高校卒業に6年間かかったこと。病気などではなく、

〝やんちゃ〟だったからです。一般的には「弱み」になることですが、行政書士になった今では、それが最大のセースルポイントになっています。

杉井さんは高校卒業後、さまざまな仕事を経てNHKの集金スタッフの仕事につきます。この仕事はかなり嫌われる過酷な仕事のようですが、杉井さんは全国約1万人のスタッフのなかでトップクラスの成績を残しました。

ある時、杉井さんは「行政書士の廃業率は開業3年で7割」という話を耳にします。すぐに「チャンスだ」と思ったそうです。

なぜなら、行政書士試験に通ったにもかかわらず、開業後すぐに事務所を閉じるのは「営業力がないから」と考えたのです。そして自分がNHKスタッフ時代に編み出した「知恵」「戦略」「営業力」をもってすれば、きっと商売繁盛できると思いました。

とはいえ、まずは試験に通る必要があります。

高校卒業に6年かかった杉井さんを知る周囲からは「おまえが受かるわけないだろ」「国家資格をなめている」「受験料の無駄遣い」などの忠告を受けますが、自分が考えた特殊な勉強法で見事合格。2015年5月に開業します。

しかし、行政書士のメイン業務である民事法務や許認可などにはライバルが数多くいます。「新参者の自分がいきなり参入してもうまくいかないだろう」と考えました。

そこで、ホームページなどで第一に掲げたのが「ペット法務」です。

「ペット法務」って何？　と思いますが、サイトを見ると「犬の登録申請」「死亡届書」「迷惑行為対策」「家族一員証の発行」など、さまざまな業務が書かれています。

実際、「行政書士　ペット」で検索すると、杉井さんの事務所が一番に出てきます（2018年10月時点）。

それだけ「ペット法務」を掲げる行政書士事務所が少ないのです。

「ペットのことなら、うちの事務所に……」と狭い分野に特化すれば、注目が集まるはずだ。ドッグサロン、ペットショップ、ブリーダーなどに狙《ねら》いを絞って営業をかけることもできる。しかも、さまざまな事例・経験を積み重ねることができて、専門性が高まる。自分も犬を飼っていることから、お客さんとの話もはずみ、信用してもらえるかもしれない。そこから別の仕事につながるだろう。

杉井さんのこれらの読みは当たりました。

実際に、最初はペットのことで仕事を依頼したお客さんが、「こんなこと頼めるかな?」と声をかけてくれることが多く、他の法務の仕事も広がっています。

このような地道な顧客獲得の営業スタイルが、編集者の目にとまり『士業で成功するアナログ営業術!』の出版にもつながっています。

●ない仕事を作り、その分野の第一人者に(一人電通・みうらじゅんさん)

「自分がナンバー1になれる可能性がある市場になるまで絞り込み、そこで戦え」と書きましたが、そもそもそれまでなかった市場を創出することができれば、自動的にオンリー1かつナンバー1になれます。

イラストレーター、小説家、ミュージシャンなどさまざまな肩書を持つ、みうらじゅんさんは「『それまでなかった仕事』を作って『第一人者』になる」分野の「第一人者」であり、30年以上、それまでなかった市場を作って仕事にしてきています。

みうらさんは、著書『「ない仕事」の作り方』で、そのノウハウを公開しています。

それは「自分がおもしろいと思ったことに名前をつけ、編集者に営業して接待するまでを全部自分1人でやり、ブームを世の中に広めていく」手法です。

みうらさんはそれを「一人電通」と名づけています。

「マイブーム」や「ゆるキャラ」の名づけ親としても知られる、みうらさん。1997年に新語・流行語大賞を受賞した造語「マイブーム」は、そもそもみうらさん個人のブームを世の中に広めるために作られたものでした。

「ない仕事」を作り出せるかもしれないマイブームを見つけたら、まず名前をつけます。

たとえば「ゆるキャラ」は、それまで統一した名前がありませんでした。みうらさんが、たまたまある物産展で誰も近づかず、所在なげに隅《すみ》で立っているマスコットキャラクターを不憫《ふびん》に思い、カテゴリーや世界観を作ってあげれば堂々と生きていけるのではないかと名づけたのが「ゆるキャラ」でした。

そこから、「一人電通」の活動が始まります。

みうらさんがいくら著名人でも「今、ゆるキャラがおもしろいよ」と言ったからとして、ブームになるわけではありません。

まず「こんなおもしろいものが流行《はや》らないわけがない！」と自分自身を洗脳し、全国のゆるキャラ・グッズを買い漁《あさ》り、物産展を渡り歩いてはゆるキャラの動きを記録するなど、膨大《ぼうだい》な「無駄な努力」を積み重ねます。

ここまでお金と時間を投資したら元《もと》を取らないとやってられないということで、ここからは「一人電通」営業部の出番です。雑誌で「ゆるキャラ紹介」の連載を勝ち取るために、さりげなく編集者を飲みに誘い、接待します。

相手が気持ちよくなってきたところで「僕、この雑誌大好きで、こういう連載企画はどうでしょう？　書けるやついるんですよ」と持ちかけるのです。編集者が「おもしろいですね」と乗ってきたら、「実は、書くの俺なんですけど」と売り込み、連載を獲得します。

こうした努力は、ブームになるまで続きますが、大半はブームにならずに消えていくそうです。しかし、その努力をみうらさんは30年以上続け、さまざまな「今までにないジャンル」のナンバー１になり続けてきたのです。

戦術５　ノウハウを法則化してわかりやすく伝える

戦術５は、「受け手目線」の一点突破術で、ノウハウを法則化してわかりやすく伝える手法です。

今まであまり語られてこなかったノウハウを、きちんと法則化して伝えると、それを知りたかった多くの人たちにとって、とても役立つと感じてもらえます。

また、その法則が印象深いものであれば、それだけが独《ひと》り歩きして、あなたの価値を高めてくれます。

実は、私はこの手法が得意です。

2008年に出版した『仕事はストーリーで動かそう』は、ビジネスのさまざまなシーンに「ストーリー」を導入するという考え方を打ち出した本です。デビュー作でもあったので、何とか自分オリジナルの「法則」を打ち出したいと思っていました。

もちろん、他人の理論を紹介することに比べ、オリジナルのものを法則化することはたやすいことではありません。ノートにいろいろと書き、ああでもない、こうでもないと考えました。ネーミングも悩みました。何十案も考えました。

そして、できたのが「ストーリーの黄金律」です。

これは、ハリウッド映画やドキュメンタリーでよく使われる手法をシンプルに言語化して、「人類共通の感動のツボ」として紹介したもので、次のようなものです。

ストーリーの黄金律
1何かが欠落した、もしくは欠落させられた主人公が
2ちょっと無理なくらいの、遠く険《けわ》しい目標に向かって
3いろいろな障害や葛藤、また敵対するものを乗り越えていく

この法則は、数多くの書籍や新聞・雑誌・テレビなどで引用されました。特に、地方紙の一面下コラムでは、よく引用していただいています。

私自身、その後もこうやって本を書き続けていられるのは、デビュー作でこの法則を発表できたからだ、とさえ思っているくらいです。

改めて見ると、ごくごくあたりまえのことを法則化したにすぎません。

多くの人も、何となく「そういうストーリーには感動してしまうよな」と思っていたことでしょう。でも、それを抽象化して言語化し「ストーリーの黄金律」と名づけて法則化したからこそ、価値が生まれ、さまざまな方に引用してもらえたのです。

私はその後の著書でも、この「ノウハウを法則化してわかりやすく伝える」戦術をよく使っています。「一点突破するための戦術9カ条（一点ナイン）」も、まさにこの法則化です。

●仕事、趣味、体験の法則化

あなたにも、何かきっと法則化できることがあるはずです。

仕事でもいいですし、趣味に関することでもいい。実際に体験したことから学んだ教訓でもかまいません。SNSやブログなどで発信して気づいたことなど何でもいい。

まずはそれを法則化して、発信してみましょう。

気の利《き》いた名称が思いつかなかったら、「○○の法則3カ条」など、ベタなものでもかまいません。それに対して「役立った」と思う人が数多くいれば、想像以上のことが起こる可能性があります。

私の知り合いの編集者は、それまでツイッターだけで情報を発信していましたが、ある日思い立って、「note」というブログとSNSを兼ねたメディアで、「企画のコツ」「編集のテクニック」「文章の書き方」など、編集の仕事を通じて得たノウハウを法則化してまとめることにしました。

その紹介をツイッターで発信すると、急に「いいね」や「リツイート」されるようになり、それまで約4000人だったフォロワーが約3カ月で倍増。10カ月後には3倍以上の1万5000人に達しました。

また、それまで敷居《しきい》が高いと思っていた何人もの有名人から「一度会いましょう」と連絡が来るようになり、ライタースクールの講師の依頼も来て、人生が大きく変わったと言います。

一点突破したいあなたは、ぜひ何かの法則化を考えてみてください。

●ファッションをロジカルに法則化（ファッションブロガー・MBさん）

現在、男性向けファッションブロガーとしてカリスマ的人気を誇るMB《エムビー》さん。そのペンネームは特に意味がなく、コンテンツの完成度が高いので、名前くらいはアルファベットにしてツッコミどころがあったほうがいいかなと思ってつけたとか。

MBさんは子どもの頃から洋服が大好きで、ショップスタッフから始まり、マネージャー、店長、ウェブマーケティング、ファッションECコンサルタント、バイヤーなどの経験を積んできました。

それらの経験を重ねるなかで、感性やセンスに頼りがちなファッションを法則化してロジカルに説明できることを発見しました。

「オシャレをしたいけれどどうしたらいいかわからない男性に、自分のロジックを伝えることで、ファッションに興味を持つ人が増えれば、ショップに足を運ぶ人も増えるし、業界も盛り上がるはず」と、ブログ「最も早くオシャレになる方法」を開設。

MBさんは、そこで「ファッションで大切なのは三つのシルエットだ」という法則を展開し、読者を増やします。

さらに、有料メルマガ配信、オンラインサロン開設と、さまざまな方法でファンを増やし続けています。MBさんが発行する有料メルマガは個人配信者としては日本一で、出版する本は軒並《のきな》みベストセラーになっています。

ＭＢさんは、ブログを開設するまで特に有名な存在だったわけではありません。

「三つのシルエット」などの法則も、ファッション業界ではあたりまえのことだったのかもしれません。

しかしそれを、ファッションに疎《うと》い一般の人たちに法則化してわかりやすく解説したことで、多くの支持者を得て一点突破することができたのです。

戦術6　とにかく自分が欲しいものを作る

戦術6は、「発信者目線」の一点突破術で、とにかく自分が欲しいものを作って販売する手法です。

自分がものすごく欲しいということは、同じことを思っている人が必ずいるはずです。

たとえその割合は少なくとも、日本中、世界中を探せば、商売になるくらいの人数にはなります。あなたがどうしても欲しいものがあって、それが市場にない場合はチャンスです。

●自分が欲しいiPhoneケースを作ったら（デザイナー・岩永ミカさん）

福井県在住のデザイナー・岩永《いわなが》ミカさんは、5年前にiPhoneに機種変更した際、ケースを探しましたが、自分が欲しいと思えるものがなかなかありません。

そんな時、ネイルサロンを経営する友人が、ネイルで使用していた押し花をiPhoneケースに使っているのを見かけます。

はじめて「欲しい！」と思ったケースでした。

モノ作りが好きな岩永さんは「自分で作ってみたい」と思いました。

しかし実際に作ってみると、意外に難しいことがわかりました。

ピンセットを使いながらの非常に細かな作業なのです。液体コーティングが特に難しく、液だれしてきれいに仕上がらないし、押し花もうまく作れません。

岩永さんは近所の押し花教室に通い、基礎から学びました。当初は失敗続きでしたが、ようやく「かわいいな」と思うものが完成。自分のケースとして使い満足していましたが、次第に新たな思いが擡《もた》げてきます。

「このケース、多くの人もかわいいと感じてくれるのではないかしら？」

試しに、フリマアプリで自分が作った「押し花iPhoneケース」を出品してみます。すると、1個ずつですが、出品するたびに売れていきました。

岩永さんは「買ってくれる人がいるんだ」と自信をつけ、今度はハンドメイドサイトに出品すると、こちらでも売れていきます。

さらにインスタグラムに「こんなケース、売ってます」と告知すると、どんどん注文が入るようになり、それまで月間50〜60個だった売り上げが数倍に増えました。何より、「かわいい!!」「こんなケースが欲しかった」「友人にプレゼントしました」など、お客さんからの声が励《はげ》みになりました。

毎日手に取るiPhoneのケースがかわいければ、ちょっと幸せな気持ちになる。より多くの人に「毎日のちょっとした幸せ」を届けたくなったのです。

2014年、友人のすすめで販売型クラウドファンディングに挑戦。これは、資金調達の目的ではなく「ブランドを確立」するためでした。そして設定期間より早く目標金額に達し、岩永さんはオリジナルブランド「ROSE WITH TOO」を立ち上げたのです。

今では月間300個近くを売り上げるブランドに成長し、某有名セレクトショップの周年記念ケースのデザインも依頼されました。

岩永さんは以前から、「いずれ自分でデザインしたものを世の中に出したい」と思っていたそうです。しかし、チャンスはなかなかありませんでした。そのようななか、「自分が欲しいもの」を作って販売することで、自然と一点突破することができたのです。

●子育て中に「抱っこひも」で起業（ルカコ・仙田忍さん）

大阪府豊中市《とよなか》にある株式会社ルカコの代表・仙田《せんだ》 忍《しのぶ》さんは、関西の女性起業家として注目されている存在です。

起業は2013年、仙田さんの子どもが4歳と2歳の時のこと。育児をするなかで感じた「抱っこひも」への不満がきっかけでした。使っていない時にだらーんと垂《た》れ下がるのがいやだったのです。「抱っこひも」を収納するケースがあれば問題は解決するのですが、どこにもそんなものは売っていません。

ならばと「自分が欲しいもの」を自分で作ってみました。

すると、ママ友から「私もそれ欲しい」と言われるようになりました。

まわりにヒアリングしても、需要があることがわかります。

ブログに写真と作り方をアップしたところ、「私も欲しい」という問い合わせが相次ぎます。「たくさんのママに使ってほしい」と、多くの母親から意見を聞いて改良し、出来上がったのが「ルカコ」でした。

ちなみに命名の由来は、2人の子どもの名前を合わせたものです。

そして、失ってもあきらめのつく5万円を限度として起業。これを使い切るまでの範囲でひとまずやってみようと決意してスタートします。最初は人を雇用することは考えておらず、パート代くらい稼げたらいいな、と思っていたそうです。

まず2000円の生地《きじ》を購入して商品を作り、趣味だった一眼レフカメラで製品の写真を撮り、ネットで販売を開始します。パソコンも趣味だったので、自分で販売用のホームページを製作しました。

ルカコが売れたお金で次の生地を買って作り、それが売れたらまた次の生地を買って――というペースでしたが、口コミで評判が広がり、育児雑誌にも取り上げられるなど、驚くほどの反響がありました。

抱っこひもに同じような不満を持っているママがたくさんいたのです。

たった半年で月商100万円を突破。さすがに、1人で回すのが無理になり、働きやすい時間の時短《じたん》勤務のパートを募集したところ、70人の応募者が殺到。30人を採用します。そして自宅からすぐ近くに事務所を借り、ルカコは新しいスタートを切るのです。

その後、順調に売り上げを伸ばし、今では数十人のスタッフを抱えるまでになりました。一般企業で管理職をしていた仙田さんの夫は会社を辞め、ルカコの専務として人事・財務などの面でサポートしています。

ルカコは子育て中のママの雇用に貢献し、全国商工会議所女性会連合会「女性起業家大賞スタートアップ部門優秀賞」を受賞したり、経済産業省「はばたく中小企業・小規模事業者300社」に選ばれたりしています。

仙田さんの「とにかく自分が欲しいものを作る」が、一点突破につながったのです。

戦術7　自分に求められているものを提供する

戦術7は、「受け手目線」の一点突破術です。自分がやりたいことよりも、自分に求められていることを優先して、それを提供していくことで一点突破していく戦術です。

一見、自分がないように思われるかもしれません。

しかし、相手から求められることが、自分の一番の強みでやりたいことだったと気づくことはよくあります。

●書きたいネタではなく、求められたネタで出版（外食産業社員・小野正誉さん）

丸亀《まるがめ》製麺などの運営で知られる株式会社トリドールホールディングス。

その経営企画本部で社長秘書を務める小野《おの》正誉《まさとも》さんは神戸大学経済学部卒業後、大手企業に就職するも1年で退社。その後、外食企業で店舗マネージャー、広報・PR担当、経営企画室長、取締役などを歴任し、２０１１年にトリドールホールディングスに転職し、わずか3年で社長秘書に抜擢されました。

これだけを見ると順風満帆の経歴ですが、学生時代は何事をするのにも自信がなく、自ら「どん底」と表現するほど、暗い青春時代を送ってきました。

「なんとか自信を取り戻したい」「人生を切り拓《ひら》きたい」という思いから読書を始め、「成功者は全員メモを取っている」というエピソードに出会い、その日の気づき・学び・反省・教訓や、夢・理想などをメモする習慣を続けていました。

また、コーチングや心理カウンセラーなどの資格も取得しました。さらに、本業とは別に自分でも本を出版したいと思い、さまざまな勉強会やセミナーなどに出席して出版を目指してきました。

その甲斐あって、2016年に『メモで未来を変える技術』を出版することができました。小野さんには、まだまだ書きたいネタがありました。次回作の出版企画を立て、編集者が集まる勉強会で企画をプレゼンしますが、手を挙げる出版社はありません。

粘《ねば》り強い小野さんは何度も企画を作り直してプレゼンしますが、結果は同じ。

いっぽう、多くの人から「丸亀製麺の話は書けないの?」と言われました。快進撃を続ける丸亀製麺がどうしてこんなに成長しているのか、誰もが興味があったのです。

小野さんは当初、書くつもりはありませんでした。創業者でも、取締役など偉い立場でもない自分が、自社のことを書くというイメージがまったくできなかったのです。

しかし、あまりに多くの人から言われるので、考えを改めました。

そこまで求められるならば、広報的な視点から丸亀製麺の成長の秘密を披露できるのではないかと企画を立て、勉強会で提案。するとすぐに何社かの出版社からオファーがあったのです。その後、社内で了承を得て執筆に入りました。２０１８年9月に出版した『丸亀製麺はなぜNo.1になれたのか？』はマスコミでも話題が広がり、ヒットしています。

小野さんは自分の訴えたいことではなく、自分に求められているものを提供したことで、一点突破したのです。

●求められた昭和歌謡で再ブレイク（歌手・ティーナ・カリーナさん）

宮城県仙台《せんだい》市を拠点に活動中の歌手ティーナ・カリーナさん。

名前からは外国人のようですが、本名は田中里奈《たなかりな》。大阪生まれの日本人です。

音楽一家に生まれ、小さい頃から漠然と歌手になりたいと思い、トレーニングやライブ活動を継続していましたが、デビューする機会はなかなか訪れません。

夜間の大学に通い、昼間は阪急うめだ本店のデパ地下でえびせんべいの販売員として働いていました。卒業後もライブ活動のかたわら、同販売員を続けます。その仕事ぶりはサービス優秀販売員金バッチを受賞するほどでした。

そのまま数年が過ぎますが、25歳の誕生日間近《まぢか》に何気なく祖父から言われた一言に、里奈さんは目覚めます。

「里奈はもう25歳やろ。結婚とか考えてるんか」

そんなことを言われる年になったのか。衝撃を受けた里奈さんは、小さい頃からの夢に最後の挑戦をしようと、デモテープを全国の音楽事務所50社に送ります。2011年3月初旬のことでした。

しかし1カ月以上たっても、まったく反応がありません。

あきらめかけていた5月中旬、奇跡が起こります。意外な場所から電話がかかってきたのです。GReeeeNなどを輩出した仙台の音楽事務所からでした。

東日本大震災の影響を受けて郵便物が停滞、2カ月近くも遅れて届いたのです。音楽事務所も本社が全壊、プロデューサーは仮オフィスのなかで彼女のデモテープを聴き、その情熱的でまっすぐな歌声と力強いメッセージに心を揺さぶられ、連絡をしたのです。

ただし、ひとつ条件がありました。大阪から引っ越し、仙台を活動拠点にすること。

里奈さんは、即断で移住を決意します。

こうして、音楽業界初となる「大阪出身・仙台発信アーティスト」ティーナ・カリーナが誕生しました。ティーナ・カリーナという芸名は本人がつけました。

歌手デビューが26歳と遅いので、名前を見ただけで興味を持ってほしいからです。

本名の田中里奈をもじって↓タナカリナ↓ターナカリーナ↓ティーナ・カリーナ。

外国人かな？　と思ったら「なんや、田中はんかいな」というギャップがおもしろいかなと思ったとのこと。愛称はティーナカちゃん。実際、名前から話が広がるので、大正解でした。

2012年9月12日、ミニアルバム『ティーナ・カリーナ』をリリースし、メジャー・デビュー。

このミニアルバムに収録されている「あんた」は、有線リクエストで上位にランクインするなど反響を呼び、デビューわずか3カ月で第54回日本レコード大賞・新人賞を受賞しました。さらに「あんた」「あかん」「しもた」の関西弁恋唄3部作は、累計で20万ダウンロードを売り上げるヒットになりました。

ここまでのストーリーも「一点突破の自分マーケティング」のすばらしい教材ですが、ここからさらなる「自分マーケティング」によって新境地をつかみます。

2014年9月、ティーナさんは、被災地の仮設住宅に住む人たちのカラオケ大会のゲストに呼ばれました。

仮設住宅では、幅広い年齢の方がまだたくさん生活していました。その時歌ったのが昭和の大ヒット曲、八神純子《やがみじゅんこ》さんの「みずいろの雨」でした。歌い終わると、「もっと歌って！」と、とても喜ばれたのです。

これこそ、「私が求められていることだ」と感じた瞬間でした。

その頃ティーナさんは、東北で活動しているのに、メインの持ち歌が関西弁の恋唄であることに葛藤を抱いていました。そして、昭和歌謡の名曲を歌うことで、さまざまな地域や世代をつなぐことができるのではないかと思ったそうです。

小さい頃、家族と口ずさんだのは昭和歌謡であり、両親と乗った車のなかで流れていたのは笠置《かさぎ》シヅ子《こ》さんの曲だったことを思い出したのです。

そこからティーナさんは「ひとり昭和歌謡祭」という活動を開始し、自らを「支配人」

と名乗ることにしました。

最初は仙台の商店街の路上で、お客さんが50人ほどの「路上歌謡祭」を毎週開催するところから始まりました。それがホールでの定期公演になり、今では1500人定員の大ホールのチケットが毎回完売するほどの人気になっています。

2018年秋には、仙台市での特別公演に加え、福島市、盛岡《もりおか》市、秋田市、いわき市と東北3県4カ所を巡るツアーを成功させ、東北各地に人気が広まっています。

ティーナさんは関西弁恋唄3部作で一点突破したあと、「自分に求められているものを提供する」という「自分マーケティング」を経て、さらに多くの人に支持される新境地を開いたのです。

それにしてもティーナさんは、その芸名といい、「ひとり昭和歌謡祭・支配人」といい、ネーミングのセンスがすばらしい。これも学びたいですね。

戦術8　わかりやすいキャラを構築する

「わかりやすいキャラ」があると、受け手にとってその人を認識しやすくなります。最初は何をやっている人かわからなくても、注目してしまうからです。
では、どうすればわかりやすいキャラが構築されるでしょうか？
たとえば、以下の三つが考えられます。

①ビジュアル的なわかりやすさ
②発信・発言内容のインパクト、肩書など
③決めゼリフを多用する

戦術8は、「発信者目線」の一点突破術ですが、結果として「受け手目線」で考えることも重要になってきます。具体例を見ればそれがよくわかります。

●「哀愁の昭和サラリーマン」で女子に大人気（芸人・岩井ジョニ男さん）

インスタグラムで「昭和のサラリーマン」をテーマにした写真をアップすることで、じわじわと人気を集めているお笑い芸人がいます。

それが、イワイガワの岩井《いわい》ジョニ男《お》さんです。

岩井さんはもともとタモリさんの付き人《つびと》をしていたこともあり、芸歴は長く、また年齢を聞かれても「4、50歳」と答えるなど謎多き存在です。

番組「さんまのお笑い向上委員会」で、モニター横の芸人として注目を集めたことはありますが、まだまだ一般的な知名度は高いとは言えないでしょう。

そのようななか、ジョニ男さんが始めたのがインスタグラムです。

髪の毛を七三《しちさん》に分け、ちょび髭《ひげ》に眼鏡という、映画に出てきそうな哀愁漂《ただよ》う「ザ・昭和」なサラリーマンに扮《ふん》したジョニ男さんが、「緑の公衆電話ボックスでハンカチで汗をぬぐいながら、仕事の交渉をしている姿」「新橋《しんばし》のチップ制のトイレの鏡で髪を整《ととの》えている姿」「雨のアメ横を傘《かさ》を片手に歩く姿」などの写真をインスタグラムに上げ、それを「ジョニスタグラム」と名づけたのです。

すると、「おっさんブーム」もあってか、若い女性を中心に人気を集めます。

「昭和のサラリーマン」というわかりやすいキャラづけと、「ジョニスタグラム」というネーミングの妙で、今まで知られていなかった層にも認識されるようになったのです。

●会社を辞め、あえて下ネタで勝負（ブロガー・あんちゃさん）

ブロガーとして活躍中の「あんちゃ」さんは生まれ・育ちは北海道ですが、就職を機に東京のＩＴ企業に就職しました。もともと自分をあまり主張しない性格ゆえ、新天地でやり直したかったのです。

当初はそこそこ仕事も楽しみ、東京も悪くないなと思っていました。

しかし1年が過ぎた頃、ふと「もしかして、こんな生活を何十年も続けるのか」と感じます。そこから日曜になると、憂鬱《ゆううつ》な気分になり「明日は仕事かぁ」とため息をつくようになりました。仕事が楽しいはずなのに、早く土日になることを願っている矛盾《むじゅん》を感じるようになったのです。

そこから、仕事以外の時間を使ってさまざまな人の話を聴きに行ったり、飲み会に参加したり、とにかく自分の視野を広げるようにしました。会社の人以外にほとんど知り合いがいないことに愕然《がくぜん》としたからです。

会う人たちのなかには、自分らしく自信を持って生きている人たちが数多くいて、「こんな幸せそうに働いている人がいるのか」と衝撃を受けました。いかに自分が狭い価値観のなかで生きていたかを思い知ったのです。

２０１６年4月末、あんちゃさんは会社を辞める道を選択。数カ月前から始めていたブログで生きていく決意をします。

「人生でもっともリスクあるチャレンジができるのは20代の〝今〟なんじゃないか？」

「20代のうちに自分の殻《から》を圧倒的に破る挑戦をしたい」

と考えたからです。

当時はブログ歴もまだ3カ月、収益も退職時点で月5万円でした。

早速、会社を辞めた経緯を「25歳女、新卒で入社した会社を2年で退職しました。」という記事にまとめブログに書くと、大炎上します。

コメント欄には、「人生そんなに甘くない」という批判や罵倒の嵐。しかし応援のコメントも多数書き込まれていました。

結局、この記事は10万人の人に読まれます。

そのおかげで、あんちゃさんはメンタルが鍛えられ、「クソマジメゲスブロガー」という肩書で発信し続けることになります。

最初は、下ネタでブレイクしました。

「〝バイブバー〟とかいう異世界空間に女2人で潜入した話」

「『熱海《あたみ》秘宝館』に女1人で潜入してきた」

などの記事に、大きな反響がありました。

もともと、小学校時代にBL（ボーイズラブ）にハマり、「腐《ふ》女子」になったところから始まり、女子校の吹奏楽部では下ネタが日常会話になりました。それまで空気のように生きていた彼女が、下ネタだけは人を笑わせることができたので、承認欲求が満たされたのです。

今では、下ネタを書くのは「性」について話すことをもっとオープンにしたいという気持ちが大きいと言います。

このようなあんちゃさんのブログは編集者の目に留まり、2017年12月『アソビくる う人生をきみに。』として本になりました。

その後も、あんちゃさんは、「新しい働き方」についての提案を、ブログやSNSを中心に行なっています。

●決めゼリフでブレイクする前に（予備校講師・林修さん）

林修さんと言えば、予備校講師のかたわらテレビの冠番組を何本も持ち、今やタレントと認識している方が多いかもしれません。その知識量の多さには驚きます。

林さんはテレビ出演前から、東進ハイスクールの東大特進コース・現代文の講師として生徒から絶大な支持を集める存在でした。タレント活動をするようになったのは、テレビＣＭの「決めゼリフ」でキャラが構築されたことがきっかけ。

それが、みなさんもご存じの「いつやるか？　今でしょ！」です。

これは、林修さんが実際に講義のなかで生徒に言っていた言葉ではありますが、本人が決めゼリフとして使っていたわけではありません。

「現代文読解のためには漢字を覚えなくてはならない。それはいつだと思うか？」という流れのなかで発した言葉でした。

２００９年に公開された東進ハイスクールのＣＭでこのシーンが使われ、話題になりました。パロディ化して使われることが多くなり、２０１３年には自動車のＣＭに「いつ買うか？　今でしょ！」と本人が語りかける形で起用されました。

このフレーズは同年の新語・流行語大賞に輝いています。

そこから、テレビに出るようになった林さん。

タレントとしては、「決めゼリフ」によってわかりやすいキャラを構築したことで一点突破したのです。もちろん、そこから売れっ子タレントになったのは、本人のポテンシャルの高さがあったことは言うまでもありませんが。

ところで、林さんが現代文の講師となったきっかけは、戦術8「わかりやすいキャラを構築する」とはズレますが、「自分マーケティング」の参考になるのでご紹介します。

林さんは1989年に東京大学法学部を卒業、日本長期信用銀行（長銀）に入行します。当時はバブルの絶頂期、社会はもちろん会社も浮かれた空気が蔓延《まんえん》し、林さんも新人としては破格の待遇でした。

しかし林さんは違和感を覚えます。この流れは近いうちに変わるだろうという予感がしたのです。

林さんは大学時代、麻雀や競馬という賭け事にのめり込んでいました。賭け事には必ず自分の力ではどうしようもない「流れ」というものがつきまといます。それで「流れ」に敏感だったのです。

何の確証がないにもかかわらず、それは確信に変わり、入社して半年ほどで、同期の第一号として退社しました。

その年の日経平均株価は、12月29日に3万8957円という史上最高値をつけます。当時は「流れを見誤ったかな」と思いましたが、翌々年にバブルが崩壊。長銀は莫大《ばくだい》な不良資産が発覚し、1998年に経営破綻・倒産しました。

とはいえ、会社を辞めた林さんが順調だったわけではありません。友人と起業をしますが失敗、株でも大損をして3年間で1800万円の借金を抱えます。

その借金返済のために始めたのが、予備校講師でした。

当初は高校時代、一番好きで得意だった「数学」の講師を目指し、採用が決まりました。その時、林さんはふと考えます。

「本当に数学がベストだろうか?」と。

確かに受験時代に究めたけれど、自分は文系学部の出身です。大学で数学を研究してきたような連中と戦って勝てるのだろうか? という疑問が湧き上がったのです。

他にも教科はある。たとえば、現代文はどうだろう？

確かに受験時代は好きな教科ではなかったのですが、得点は取れていました。

そこで、当時爆発的な人気を誇っていた現代文の講師の授業をこっそりのぞくことにしました。その講義を聴いて、林さんは「これなら圧勝できる」と思いました。

数学の講師として採用してくれた上司に「現代文でいきます」と言うと、「おまえはバカか」と言われながらも、公開授業のチャンスを与えられます。

あらゆる知恵を絞り、生徒も集めて行なった公開授業。上司はすぐに「現代文でいこう！」と言ってくれました。

林さんは、自分マーケティングで「勝ち易《やす》きに勝つ」道を選んだわけです。

もちろん「好き」を大切にする生き方を否定するつもりはありませんが、林さんが選んだように「勝てる場所で努力する」ほうが、わかりやすい結果が生まれることが多いのも事実です。

戦術９　二つのジャンルを掛け合わせる

ひとつのジャンルでは飛び抜けて一点突破できないとしたら、もうひとつのジャンルと掛け合わせることで希少性を高め、一点突破するという手法もあります。

これをわかりやすく説明しているのが、教育改革実践家の藤原和博《ふじはらかずひろ》さんです。

著書のなかで提唱している「１万時間の法則」を、簡単に要約してみましょう。

まずひとつの分野で１万時間を投じて努力しなさい。すると「１万人に１人」のレベルは難しくても、誰でも「１００人に１人」くらいのレベルにはなれる。「１％の人」という希少性があれば一応プロとして食べていくくらいにはなれる。次のポイントは、もうひとつ別の分野に時間を投じて「１００人に１人」のレベルになること。この二つを掛け合わせると、「１万人に１人」のレアカードになれる。さらにもうひとつとどんどん組み合わせていくと、どんどんスーパーレアカードになれる。

（藤原和博著『藤原和博の必ず食える１％の人になる方法』から要約）

実際、藤原さん自身も「ビジネスマン（リクルート）×中学校校長（杉並《すぎなみ》区立和田《わだ》中学校）」というキャリアの組み合わせからレアカード化し、大阪府や佐賀県武雄《たけお》市の特別顧問、高校校長などのキャリアを経て、現在は講演・著述で大活躍されています。

この本を読んでくれているあなたは、おそらく何かの専門分野はあるでしょう。だとしたら、もうひとつ別の専門分野を組み合わせると「レアカード」になる可能性があります。

また自分の人生を振り返ると、これとこれを結びつければレアカードになるという〝原石〟が眠っているかもしれません。

●ビジネスとエンタメを掛け合わせる（コピーライター・川上徹也）

二つのジャンルを掛け合わせる実例は、私のケースを紹介します。

ここまで「自分マーケティング」で一点突破する方法を書いてきましたが、恥ずかしながら、私自身、会社員だった時はもちろん、会社を辞めてフリーランスになった時も、さらにそれから10年近く、本当の危機が訪れるまで、まったく自分マーケティングをしていませんでした。

何となく、そんなこととして売り出すのはカッコ悪いなと思っていたのです。なんてバカなのでしょう。

私は大学卒業後、広告会社に入社し、主に営業局で大手企業の広告・プロモーション・マーケティング活動に携わりました。その後、社内でクリエイティブ局に異動してからは、主にCMやプロモーションビデオなどのプランニングを担当しました。

いっぽうで学生時代から演劇や映画に興味があり、会社員の時にシナリオスクールに通い、脚本のメソッドを学びました。当時は広告の仕事に役立てようという意識はなく、ただ単純にそれらで世に出たいと思っただけです。

その後、会社にいるのがどうしても息苦しくなり、あまり深く考えずに独立しました。普通なら、ここできちんと「自分マーケティング」をしておくべきなのに、当時の私はそんなことは頭をよぎりませんでした。

独立してからは、コピーライターとして毎年のように何かの広告賞はいただきましたが、誰もが知っているようなヒットCMを担当しているわけではなく、また仕事上のストレスも小さくありませんでした。

しかし、脚本の仕事もなかなかブレイクスルーしません。連続ドラマや大きな映画の企画が決まりそうになるのですが、残念ながらあと一歩のところで流れてしまうことが多かったのです。

気がつくと、フリーランスになってから10年が過ぎていました。

当時かなり行き詰まりを感じていましたが、目の前の仕事はとりあえず忙しかったので、それをこなすことで、根本的な問題から目を逸《そ》らしていました。

ある時、レギュラーだった仕事が続けてなくなったり、新たに始まる予定だった仕事が中止になったり、しばらくの間、仕事が途絶《とだ》えてしまいました。

「このままではマズイぞ」というアラームが脳内に鳴り響《ひび》きます。

仕事が途切れたのは、「根本的にビジネスモデルを変えなきゃいけない時期に来ている」というメッセージだと感じました。

いったいこの先どうしていけばいいのだろう？

誰でもやれることをしてもしかたない。自分だけの武器ってなんだろう？

今までやってきた仕事を振り返り、棚卸《たなおろ》しをして、考え続けました。ピンチになってはじめて「自分マーケティング」をしたのです。

その時、大手文具メーカーの新規事業で、起業をテーマにしたビジネスゲームのシナリオを書いた際に担当者から言われた言葉を思い出しました。

「このような仕事を頼める人ってなかなかいないんですよね。川上さんみたいにビジネスとエンターテインメントの両方をわかっている人って珍《めずら》しいでしょ？」

言われてみれば、確かにそのとおりです。でも私は、そんな「自分の強み」に気づいていませんでしたし、そのような訴求はしてきませんでした。自分では「それぞれ中途半端だな」と感じていたのです。しかし、それを評価してくれる人がいる。だとしたら「この二つの分野を組み合わせるのはどうだろう？」という考えが浮かびました。

そこから私は、ビジネスにエンターテインメントの要素を導入していくことを真剣に考えるようになりました。

そして、日本のように商品やサービスが成熟しきった市場では、「価格」「品質」「流通」「広告」などの要素で差別化するのはとても難しい。エンターテインメントの手法は、物が売れない時代に物を売っていく手法としてとても相性がよく有効な手段であることに気づいたのです。

その際、一番のキーになったのが「ストーリー（物語）」です。

「ストーリー」こそが、人の感情を一番揺さぶるからです。

実際、エンターテインメントと呼ばれるものの多くにはストーリー性があります。これは、日本だけでなく世界共通の原理です。

そこから「ストーリーの持つ力をビジネスに導入する手法」について研究するようになり、それがビジネス書のデビュー作『仕事はストーリーで動かそう』につながります。

その際、広告業界で学んできた「売る手法」「話題にさせる方法」、シナリオで学んできた「物語の作り方」「人を感動させる法則」、コピーライターとして会得した「強い言葉を生み出す技術」など、今までバラバラにやってきた仕事がすべてひとつになって使えることに気づいたのです。

点と点が結ばれた瞬間でした。

第4章

あなたの価値を高める「三種の神器」

●改めて、自分という商品を見つめる

第3章では、「あなたが一点突破するための戦術9カ条（一点ナイン）」を具体例とともに見てきました。第4章では、次のステップとして、「あなたという商品」を高めるために必要な三つのアイテム（自分マーケティングの「三種の神器《じんぎ》」）をご紹介します。

本来の「自分マーケティング」の考え方で言うと、まずはここに書かれていることをきちんと固めてから、一点突破の戦術を考えることが王道です。ただ、そこで立ち止まってしまうよりも、まず行動を起こすことのほうが重要だと考えたので、この章を最後に持ってきました。

本書の順番どおり、一点突破したのちに立ち止まって改めて見つめるもよし、「三種の神器」を固めてから一点突破する方法を考えるという手順でもよし。

あなたの性格に適した手順で考えてみてください。

具体的に「三種の神器」を紹介する前に、まず「自分マーケティング」で「あなたという商品」の価値を高める際のヒントになる考え方を披露しておきます。

●あなたはキャリア型？　スキル型？　人柄型？

会社員のあなたは、今後どの方向に力を入れれば、「商品価値」がより高まるかを考えてみましょう。

一般的にビジネスパーソンを評価する基準として、「キャリア」「スキル」「人柄」の3方向が考えられます。

「キャリア」は、その人間の経歴や実績です。仕事を頼む相手からすれば、「これまでこれくらいのレベルの仕事をしてきたのだから、きっとこの仕事もこれくらいはやってくれるだろう」という期待につながります。

「スキル」は、その人間の個別の能力です。仕事を頼む相手からすれば、「これくらいのスキルを持っている人だから、この程度の仕事は難なくこなしてくれるだろう」という期待につながります。

「人柄」は、その人の性格であり、協調性、仕事に関する熱意です。その人が頼むと協力してくれるであろう「人脈」も含みます。仕事を頼む相手からすれば、「何より仕事を頼みやすいし、責任を持ってやってくれるだろう」という期待につながります。

もちろん、3方向ともに優れているに越したことはありません。

野球で言えば、走攻守《そうこうしゅ》すべてを高いレベルで備えたオールラウンドプレイヤーです。

しかし、そのような人は稀《まれ》です。だとしたら、それぞれ中途半端に優れているよりも、どれかひとつの方向に突出しているほうが試合で使ってもらえるし、何より多くの人の記憶に残ります。

「キャリア」「スキル」「人柄」のそれぞれを引き上げる努力をするよりも、どれかひとつの方向に力を入れるほうが商品価値は高まるということです。実際、「デキる」と言われる社員を観察すると、3方向のうちひとつに優れていても、残り二つはあまり強くないことが多いように感じます。

キャリア型のデキる社員は、行動力があり目立ち、わかりやすく成果を上げます。しかしよくよく分析すると、個人としてはそんなにスキルが高いわけではありません。

スキル型のデキる社員は、目立ちはしませんが、個人のスキルがすぐれています。だから仕事を任せると安心。ただし、おもしろみに欠ける部分があり、より高いスキルの人がいると、その価値が大きく下がります。

人柄型のデキる社員は、一見、仕事がデキるように見えない人も多いのですが、どことなく憎《にく》めないキャラなどで愛されます。だから周囲は、彼や彼女のためなら何かやってあげようという気持ちになり、結果として成果を残します。

これらは、会社を離れてフリーランスのような立場になると、その差がはっきり現われます。

生き残るのに手堅《てがた》いのはスキル型です。

頼む側の立場からすれば、要求したレベルはクリアしてくれるので安心です。しかし自分のスキルだけが頼りなのでなかなか差別化しにくく、価格競争にもなりやすい。また、時代の変化でそのスキルが不要になってしまうリスクもあります。今後、ＡＩに取って代わられるスキルも多いかもしれません。

人柄型も意外に生き残ります。

世の中の多くの仕事は、極言すれば実は誰がやってもいいというレベルのものが多いからです。その場合、「どうせだったらあいつに頼もう」と顔が浮かぶのが人柄型です。もちろん、一定レベル以上のスキルがあることが大前提です。

フリーランスになって意外と難しいのがキャリア型です。

もちろん会社ではエースで、独立してからもさらに活躍する方もいます。しかし、会社員だから大きな仕事を回せていたけど、個人になるとそれがうまく機能しなかったケースも実は多いのです。そして、会社員に戻るケースも少なくありません。

どの型を尖《とが》らせるのがあなたの商品価値を高める方法か、ぜひ考えてみてください。

●もし、あなたが1冊の本だとしたら

「あなたという商品」が、多くの人からその価値を認めてもらうには、どのような商品になればいいでしょう？

ここでは、わかりやすいように比喩《ひゆ》で考えてみます。

あなた自身を、書店に置いてある「1冊の本」だとイメージしてみてください。あなたが出版する本という意味ではなく、あなた自身が「本」になったと考えるのです。同様に、まわりの人間もすべて「本」になって書店に並んでいます。

どうすれば、多くの人に手に取って買ってもらえるでしょう？

もちろん、本の中身が大事なのは言うまでもありません。まずは中身を磨くことを最優先すべきでしょう。しかし、中身は手に取る時点ではわかりません。

だからこそ、まず手に取ってもらうには、「タイトル」「カバーデザイン」「帯のキャッチコピー」が重要なのです。興味を持って手に取ってもらえてはじめて中身を見てもらえるからです。

そして「目次」がおもしろそうであり、「プロフィール」が信用できそうであれば、はじめて買ってみようかなと思います。

「あなたという本」は、どんな「タイトル」「カバーデザイン」「キャッチコピー」にすればいいでしょう？

「プロフィール」は？　中身はどんなことが書いてあるのがいいでしょう？　あなたの人生のストーリー？　特定のスキルの紹介？　そして「目次」は？

あなたが会社員であれば、「会社」という書店に本を置くのか、「社外」という書店に本を置くのかによって、これらの要素は大きく変わってきます。

まず「あなたが勤めている会社」という小さな書店を想定しましょう。

そこには、社員の数だけ本が並んでいます。トップである社長の本は、それだけで目立ちます。多くの人も手に取るでしょう。多くの会社ではトップ以外、似たような「本」が並んでいる可能性が高い。

だとすれば、奇抜なタイトルやカバーデザインなら目立つことは簡単です。目立つと、確かに注目は集めます。でも、手に取って買ってもらえるかどうかはわかりません。堅《かた》い会社であれば、反発を招くかもしれません。

逆に、タイトルやカバーデザインは奇抜でなくても、いかに会社に貢献できるかをイメージできるような本であれば、会社という書店のなかではベストセラーになる可能性もあります。

「あなたという本」は、会社という書店のなかで、どんな「タイトル」「カバーデザイン」「キャッチコピー」をつけるのがいいでしょう？　それはトップ、上司、同僚に買ってもらえるでしょうか？

次に「社外＝世間」という大きな書店で考えてみましょう。

そこには、ありとあらゆる人間の本が並んでいます。さまざまなジャンルの有名人の

「本」が置かれています。カバーに写真を載せるだけで「あの人か」と手に取りたくなる人もいます。それらはたいてい、いい場所にどかんと平積みされているでしょう。

逆に、無名人の「あなたという本」は平積みにされることはまずないでしょう。だとしたら、まずどんなジャンルの棚に置かれるかを考え、そのなかで目立つということが重要になってきます。

くどいですが、「タイトル」「カバーデザイン」「キャッチコピー」等で、お客さんに興味を持たれなければ、手に取ってもらえることはありません。

ルックスがよければ、表紙に顔写真を出しましょう。

さて、あなたは「自分という本」に、どんな「タイトル」をつけますか？

どんな「カバーデザイン」にして、どんな「キャッチコピー」をつければいいでしょうか？　現時点であなたの本を買ってくれる人はどれくらいいますか？

ぜひ考えてみてください。

●自分マーケティングの三種の神器

ここからは、「あなたという商品」の価値を高めるために、必ず準備しておきたい「自分マーケティングの三種の神器」の作り方について、お話しします。

それが、次の三つのアイテムです。

自分マーケティングの三種の神器

三種の神器1　相手の心を突き刺す「剣《つるぎ》」＝「旗印《はたじるし》の1行（川上コピー）」

三種の神器2　あなたを輝かせる「鏡《かがみ》」＝「プロフィール」

三種の神器3　幸運を運んでくる「玉《たま》」＝「タグ」

「旗印の1行」「プロフィール」「タグ」。この三つのアイテムは、「自分マーケティング」という旅において、力強い武器や役立つ道具になります。

前項の「本」の比喩においても、この「三種の神器」をしっかり確立しておくことができたら、「タイトル」「カバーデザイン」「キャッチコピー」に悩まずにすみます。

もちろん、ただ三つのアイテムを持っていればいいというものではありません。

それぞれきちんと用途をはたす力を持っていなければ、意味がありません。

「剣（旗印の1行）」はきちんと相手の心を突き刺し、「鏡（プロフィール）」はきちんとあなたを輝かせ、「玉（タグ）」はきちんとあなたに幸運を運んでくるようになっていなければならないのです。

また、あたりまえですが、三つがきちんとリンクしてはじめて効果を発揮します。

では、具体的にどう考えていけばいいかを見ていきましょう。

●桶狭間から天下布武へ

「自分マーケティングの三種の神器」の一種目は、相手の心を突き刺す「剣」の役割をする「旗印の1行（川上コピー）」です。

第3章で紹介した一点突破の方法は、奇襲の手引きでした。

織田信長《おだのぶなが》ならば、今川義元《いまがわよしもと》を奇襲で破った「桶狭間《おけはざま》の戦い」です。もちろん、この勝利は重要です。これがなければ、歴史に信長の名前は残らなかった可能性が高いでしょう。

では一点突破で成功したら、次にすべきことはなんでしょう?

それは、信長が教えてくれます。

「桶狭間の戦い」に勝利して7年、信長は美濃《みの》を平定します。当時「井ノ口《いのくち》」と呼ばれていた場所を「岐阜」と変えました。信長は岐阜から天下統一を狙います。

まず行なったのは「旗印の1行」を決めることでした。

言わばビジョンを世の中に示すこと。

それが「天下布武《てんかふぶ》」という4文字です。

信長のブレーンだった僧・沢彦《たくげん》によって提案されたものです。

「天下布武」は、一般的には「武力で天下を治める」という意味に思われがちです。しかし、沢彦は違う意味を込めて提案したと言われています。

中国の古典『春秋左氏伝《しゅんじゅうさしでん》』には「七徳《しちとく》の武を備えた者が天下を治めるにふさわしい」という一節があり、それに由来する言葉なのです。つまり、「天下を取ることで平和な国づくりを実現する」という意味が込められているのです。

信長はこの「天下布武」を「自分の理想に合った言葉だ」とたいそう喜び、その後、印《いん》判《ばん》として使いました。

信長はこの4文字によって、配下の武将たちには「自分たちの目標は天下を取ること」と明確にし、他の大名に向かっては「織田こそが天下を取るにふさわしい」と宣言したのです。「天下統一という物語」の主人公に立候補する決意表明とも言えます。

一点突破したあなたが次にすべきことは、信長と同じように「旗印」を掲げることです。世の中に向けて、自分は「こういうビジョンを目指している人間だ」と高らかに宣言するのです。

それは、あなたが紡《つむ》ぎ出す「物語」の主人公になるぞという宣言でもあります。

三種の神器1　「旗印の1行」の作り方

「旗印の1行」を作るうえでまず考えなければいけないのは、あなたが多くの人の心に何を突き刺したいかです。

何が目的なのか、はっきりさせましょう。それによって、使うべき言葉が決まってきます。複数の目的を一度に満たそうとしても、たいてい失敗します。

内容的には、「天下布武」のように、自らの「志《こころざし》」「目標」を、世の中に「ビジョン」として示すのが王道です。そのビジョンに共感してくれた方が応援してくれるからです。

「旗印の1行」は、「物語の主人公」としての決意表明でもあります。

それによって自分自身を鼓舞《こぶ》し、「自分はその目的のためにやっているんだ」「自分は物語の主人公だ」と、いい意味で自分を騙《だま》すという目的もあります。

ただし、いくらすばらしいビジョンや決意表明でも、長い時間をかけて説明しなければならないものでは、なかなか伝わっていきません。「凝縮《ぎょうしゅく》された1行」でこそ、はじめて多くの人に伝わっていくのです。「天下布武」はたった4文字のなかに、それが凝縮されています。

私は、この「旗印の1行」を「川上コピー」と呼んでいます。

すべての活動の源流に位置する、重要な言葉だからです。

「旗印の1行」は、世の中に自らの「志」「目標」「ビジョン」を宣言するのが王道だと書きました。しかし、まだそれを語るのは早いと感じる方もいらっしゃるでしょう。

あなたが現在いるステージによって、必ずしも大きなビジョンでなくてもかまいません。使う目的によっては、「あなたの強み」「あなたが提供できること」「他人とは違うこと」「自分の特徴」などを、ワンフレーズで言い表わしたものでもいいでしょう。

しかるべきステージに到達したと感じたら、その段階で改めて「旗印の1行」＝「川上コピー」を書き換えればいいのです。

「旗印の1行」の「剣」を作る時に気をつけなければならないのは、ついつい手垢《てあか》にまみれた、聞こえがいいフレーズを使ってしまうことです。特に「志」や「ビジョン」を示す場合は、とってつけたようなキレイごとのフレーズになってしまいがちです。

それでは誰の共感も呼びませんし、自分自身も騙せません。

さらに、あなたのヒストリーと照らし合わせて整合性が取れてなくてはいけません。あなただけのオリジナルな、誰にもまねできない「志」でなければなりません。

「旗印の1行」は、次のチェックポイントで考えてみてください。

①短く、やさしく、覚えやすい言葉で

旗印になるスローガンは、何よりも覚えやすいことが不可欠です。そのためには、短くやさしい言葉を使うことが必要です。難しい熟語や英語などを使えば使うほど、形骸化《けいがいか》していきます。

②何かしらの新しい発見や哲学がある

よく耳にするような常套句《じょうとうく》では、人の心に刺さりません。そのフレーズに何かしらの発見があることが重要です。また、あなたでなければ言えない「哲学」を感じることも大切です。誰が言ってもいいような言葉では、確実に形骸化していきます。

③羅針盤《らしんばん》になる1行に

羅針盤とは、船の向かう方向を示してくれる方位磁石《じしゃく》のこと。スローガンの1行は、この役割をはたすのが理想です。自分の行き先がわからなくなった時、「自分たちが進むべき方向はこっちだ」と教えてくれる羅針盤になるような1行にしましょう。

もちろん、これらすべてを1行に凝縮するのは、かなり難易度が高いでしょう。ただ、これらの要素を考えて作ると、刺さる1行を作れる確率が格段に上がります。

三種の神器2　あなたを輝かせる「プロフィール」の作り方

「自分マーケティングの三種の神器」の二種目は、「鏡」にあたる「プロフィール」です。

会社員の方がプロフィールを書くと、履歴書や職務経歴書のようなものを書いてしまいがちです。それでは、あなたの価値を輝かせることはできません。

あなたは会社名や部署名を言わずに、きちんとした自己紹介ができるでしょうか？

一般的に、すでにブランドが確立されている著名人のプロフィールは短いものです。それは、プロフィールで心を動かさなくても、名前だけでイメージが湧き、信用できるからです。

しかし、そうでないあなたは「プロフィール」で人の心を動かす必要があります。ほとんどの人はあなたのことを知らないので、どのような人物かを知るのはプロフィールが頼りです。ですから、一番力を入れる必要があります。

ストレートに書いても「おっ」と思ってもらえるすごい経歴があればいいのですが、そうでない場合は、プロフィールにストーリー性をもたせることで、読み手の興味を惹《ひ》きつけることが必要です。

「そんな心を動かすようなストーリーなんてないよ」と思うかもしれません。

そんなあなたは、まず自分の「人生」「ヒストリー」を書き換えることから始めましょう。言わずもがなですが、「経歴をロンダリングせよ」と言っているわけではありません。これまでやってきた事実は変えられないとしても、「そこに新たな意味を持たせよ」と言っているのです。

●プロフィールは「桃太郎型」か「シンデレラ型」にする

ストーリーの型は、有名な昔話（「桃太郎」「シンデレラ」など）の構成をもとに作ると、自然に「ストーリーの黄金律（135ページ参照）」に沿った「人の心を動かすプロフィール」になります。

「桃太郎のストーリー構成」

1普通とは違う生《お》い立ち（桃から生まれた）
2試練に遭遇（鬼が暴れる）
3旅立つ決意（鬼退治に向かう）
4仲間の協力を得る（イヌ、サル、キジと出会う）
5試練の克服《こくふく》（鬼退治に成功）
6成果を手に入れる（宝物を持って帰還）

これをもとに「プロフィールの型」を考えると、次のようになります（「普通とは違う生い立ち」を「自分だけの特殊な体験・性質」にするなど、細かな部分は自分に合うように変更していただいてかまいません）。

「桃太郎型プロフィール」
1基本情報（肩書、職業、最終学歴など）
2普通とは違う生い立ち（自分だけの特殊な体験・性質など）

3試練に遭遇（目標を見つける）
4仲間の協力（技を身につける、何かと出会う）
5試練の克服（目標の達成）
6成果を手に入れる（成功する）

次はシンデレラのストーリーの構成と、それをもとにしたプロフィールです。

「シンデレラのストーリー構成」
1過酷な運命（継母《ままはは》と連れ子の姉たちにいじめられる）
2どん底の状態（姉たちは城の舞踏会へ。シンデレラにはドレスがない）
3希望の光（魔法使いの助けで舞踏会へ。王子に見初《みそ》められる）
4努力してチャンスをものにする（靴を落とす。自分にしか合わない）
5成功を手に入れる（王子の妃《きさき》に）

「シンデレラ型プロフィール」
1基本情報（肩書、職業、最終学歴など）
2過酷な運命
3どん底の状態（大きな挫折体験、虐《しいた》げられる）
4希望の光（大物に出会う、夢を見つける）
5努力してチャンスをものにする
6成功を手に入れる

前述のように、ストレートに自分の経歴を書いても「おっ」と思われる経歴を持っている場合は、そのまま書いてもかまいません。その場合でも、できるだけ「現在」「過去」「未来」の順で書きましょう。

まず、あなたの「現在」の肩書・活動を語ります。

次に、どのようなきっかけで現在の活動を始めようと思ったかの、「過去」のポイントを語ります。

さらに、自分が何としても実現させたい「未来」の姿で結びます。

現在→過去→未来という構成にすると、自然に「現在」が「未来」の高い目標に向かう通過点となり、「ストーリーの黄金律」に適《かな》う「欠落した主人公」になることができるのです。

これは、「桃太郎型」「シンデレラ型」のプロフィールでも有効です。最後に成功だけで終わるのではなく、そこからさらに高い目標の「未来」を語ることで「欠落した主人公」のままでいられます。

そして、この何としても実現したい未来への宣言が、前述の「旗印の1行」になっていることが理想です。

●プロフィールは「数字」でバージョンアップ

自分で書いてみたプロフィールはどうだったでしょう?

どうも平坦《へいたん》だなと思ったら、そのプロフィールに数字を入れてみましょう。

数字を入れるということは、具体化されるということです。抽象的なプロフィールよりも具体的なほうが心に刺さります。

もちろん、嘘《うそ》の数字はいけませんが、ある業界ではあたりまえの数字でも、他から見ればすごい数字ということはあります。

たとえば、私は広告会社の新人営業マン時代、年間「３億〜４億円」の売り上げをあげていました。こう言うとスゴいと思うかもしれませんが、むしろダメ営業で、前任者から引き継いだクライアントの数字がたまたまそれだけあったにすぎません。業界をよく知る人間にとっては、わざわざ言うのが恥ずかしい数字です。

このような数字を使うかどうかは本人の価値観によりますが、それが事実であり、それが「志《こころざし》」とリンクするものであれば、私は使ってもかまわないと思います。数字という実績があることで、その人間の話に耳を傾《かたむ》けるに値《あたい》すると考える人がいるからです。

また、プロフィールを何らかの媒体に出す場合、字数が決まっていることも多く、ストーリー性のあるプロフィールを載せるのは難しいかもしれません。

ロングバージョンからショートバージョンまで、複数のプロフィールを作っておくと便利です。外のメディアに出す時はショートバージョンを載せ、自分のメディアではロングバージョンを載せておくなど使い分けをしましょう。

三種の神器3 幸運を運んでくれる「タグ」の作り方

「自分マーケティングの三種の神器」の三種目は、幸運を呼ぶ「玉」にあたる「タグ」を取り上げます。

「タグ」とは、そもそも荷札《にふだ》や付箋《ふせん》のこと。そこから発展して、ネットなどで検索する時の「キーワード」という意味で使われています。

SNSで「ハッシュタグ」という言葉をよく聞くでしょう。これはハッシュマーク「#」のあとにキーワードを入れることで、「タグ」にしたものです。これがあることで、同じキーワードでの投稿を、瞬時に検索することができるのです。

自分マーケティングで使う「タグ」とは、「○○と言えば××さん」というように、あなたの特徴を一言で表現できるキーワードのことです。

「タグ」は時として想像以上の力を発揮し、幸運を運んできてくれる「お守り」のような存在になることがあります。

なぜなら、ハッシュタグがあることでネット検索にかかりやすくなるのと同様に、わかりやすい「タグ」があると、他人の「検索」にひっかかりやすくなるからです。この場合の「検索」とはネット検索ではありません。人の脳内での検索です。要は、思い出してもらいやすくなるのです。

思い出してもらえると、そこから仕事やチャンスが舞い込んでくることがあります。「タグ」は、自分が印象づけたいキーワードを書いた「付箋」と考えるとイメージしやすいでしょう。文章で考えるよりも、「単語」で考えたほうが数が出やすくなります。

その「付箋」をどんどん人の頭のなかに貼《は》っていくイメージです。

「付箋」は１種類でなくてはならないという決まりはありません。

また、あなたが必ずしもその分野の第一人者でなくても大丈夫です。

仕事の本筋から離れたこと、たとえば自分が興味あることや好きなアーティストなどでもかまいません。好きなアーティストを言い続けることで、何かの拍子に思い出してもらえ、そのアーティストに会える仕事が来る可能性もあります。

まずは、自分の「タグ」になりそうなキーワードを書き出しましょう。私であれば、仕事において「タグ」になりそうなキーワードは次のとおりです。

「ストーリーブランディング」「物語で売る」「キャッチコピー力」「ビジネスシナリオ」「ビジネスエンターテインメント」「川上コピー」「ストーリーの黄金律」「スピーチ分析家」「旗を掲げて生きる」「モテる会社」「空気コピー採集」「殺し文句」「一言力」「湘南在住」「書店好き」「神社好き」「日気ノート」「Negicco」「自分マーケティング」

実際、私に来る仕事の多くは、ここに書いた「タグ」に紐《ひも》づいてやってきます。

先日もしばらく会っていなかった方から「あるビジネススクールでビジネスシナリオについて講義できる人を探しているのですが、紹介してもいいですか？」という問い合わせが来ました。

これは、「ビジネスシナリオ」と聞いた時に、その方の頭に「川上」の名前が思い浮かんだからに違いありません。その方の頭のなかにタグづけされていたのです。

私はここ数年、年に数回は、書店関係者が集まる会合での講演のオファーがあります。

これも『本屋さんで本当にあった心温まる物語』の著者として「書店好き」というタグを意識的に発信し続けた結果でしょう。

本書を書いたことで「自分マーケティング」という新たなタグも加わりました。

私自身、前記以外にも興味があり関心を寄せている分野は多数ありますが、自分のなかでまだ成果を語るような段階には至っていないので、あえて「タグ」としては発信していません。今後、そのような新しい分野について本にしたい、語りたい、仕事にしたいという気持ちになれば、積極的にそのタグを発信していきます。

あなたも、自分のタグを書き出して「タグリスト」にしておきましょう。

それぞれの「タグ」をさまざまな機会に何度も発信することで、人の頭に定着させていくのです。

それこそが、「タグ」を人の頭のなかに貼っていくという作業なのです。

●やりたくないことからの魔よけになる「アンチタグ」

「タグ」はあなたに「幸運」をもたらしてくれる「お守り」のような存在です。

だとしたら、「不運」「ストレス」などが近づかないように、「魔よけ」を持っておくことも「自分マーケティング」においては重要です。

このような「魔よけ」にあたる単語を、幸運をもたらす「タグ」の反対ということで「アンチタグ」と呼ぶことにします。

「タグリスト」と同様に、「アンチタグリスト」を持っておくと、あなたの行動指針になります。言い換えると「何をやりたくないか」「何をやらないか」を決めるためのリストです。

たとえば、私は次のような仕事はやりたくありません。

「誰がやってもいいような仕事」「いいと思えない商品を売る仕事」「人の弱みにつけ込むような仕事」「興味が湧かない仕事」「細かすぎる仕事」「ストレスがかかる相手との仕事」「フィーが安すぎる仕事」

このような仕事のオファーが来たら、即座に断わります。

これが仕事における「アンチタグリスト」です。

また、次のようなことには、できる限り参加・遭遇したくないと思っています。

「大人数の飲み会」「満員電車」「無駄な会議や顔合わせ」「電話でのやりとり」

これらも、仕事に付随《ふずい》する「アンチタグリスト」です。

ただし、これらのアンチタグリストを積極的に発信するかどうかは、あなたがどのような「自分マーケティング」をしたいかによります。

たとえば、堀江貴文さんは「電話は他人の時間を奪う行為であり、電話をかけてくるような相手とは仕事をするな」とよく語っています。私もその意見に基本同意しますが、積極的に発信はしませんし、名刺にもまだ電話番号を記載しています。

なぜなら、一定以上の年齢の方にとっては、電話のほうが丁寧であると考えていたり、メール等のやり取りが苦手な方もいたりするからです。また状況によっては、電話でやりとりしたほうが早い場合もありますし、待ち合わせの時などにも使います。

そのような理由から「電話に出ない」とは積極的には発信していませんが、現実的にはほぼ電話には出ないため（そもそも着信音を切っているので気づかない）、よく仕事をする人で、私に電話をかけてくる人はほぼいなくなりました。

おかげで、電話でやりとりするストレスが減ったのです。

このように、自分のなかのアンチタグリストを作っておくと、「仕事を受けるか断わるか」の判断基準になりますし、「やりたくないこと」も明確になります。

「やりたいこと」と同様に、「やりたくないこと」を明確にしておくことも「自分マーケティング」をしていくうえでは重要なポイントなのです。

さて、これであなたは「自分マーケティングの三種の神器」を手に入れました。

・相手の心を突き刺す「剣」である「旗印の1行」
・あなたを輝かせる「鏡」である「プロフィール」
・幸運を運んでくる「玉」である「タグ」と、魔よけである「アンチタグ」

あとは、この三種の神器を持って、さらなる上のステップを目指して旅立つだけです。いい旅になることを祈っています。

参考図書・サイト

『ドラッカー名著集4　非営利組織の経営』P・F・ドラッカー著、上田惇生訳（ダイヤモンド社）
プレジデント2016年4月4日号「左遷」から池上彰さんはなぜ立ち直れたか　楠木新
『知の越境法――「質問力」を磨く』池上彰（光文社新書）
「シュートなくして、ゴールなし」川淵三郎　朝日新聞ひろば2018年2月19・26日、3月5・12日
『「51歳の左遷」からすべては始まった――大逆転のリーダーシップ論』川淵三郎（PHP新書）
デイリー新潮2018年8月21日　いつまで「スポーツバカ」がトップをやるのか　サラリーマン川淵三郎の体験が教える教訓
『ザグを探せ！――最強のブランドをつくるために』マーティ・ニューマイヤー著、千葉敏生訳（実務教育出版）
『逆転力～ピンチを待て～』指原莉乃（講談社AKB48新書）
ログミー2017年10月10日　元AKB川栄李奈「最初は歌もダンスもやりたくなかった」アイドル、そして女優への転身を振り返る
OKMUSIC2018年6月13日　AKB48チーム8大西桃香『朝5時半の女』600日突破！「ギャップをたくさん見せて行けたらいいな」　佐藤仁
日刊スポーツ2018年6月16日　38位大西桃香に徳光さんハンカチ「泣いて泣いて」

ダイヤモンド・オンライン２０１８年６月４日　SHOWROOM 前田裕二が語る、「応援したくなる人」の三つの条件
『草や木のように生きられたら』 笑福亭松之助（ヨシモトブックス）
サンスポ２０１８年１月23～26日　二十歳のころ　ビートたけし
『紳竜の研究［ＤＶＤ］』（よしもとミュージックエンタテインメント）
『漫画家本 vol.７ さいとう・たかを本』さいとう・たかを（小学館）
『オフィシャル・ブック ＴＨＥゴルゴ学』ビッグコミック特別編集プロジェクト（小学館）
『究極のビジネスマン ゴルゴ13の仕事術――なぜ彼は失敗しないのか』漆田公一＆デューク東郷研究所（祥伝社黄金文庫）
ライフネットジャーナル オンライン２０１５年４月10日　ニートも育休も体験した会計士・山田真哉さんの「強み」とは？
ほんのひきだし２０１６年12月10日　『さおだけ屋はなぜ潰れないのか？』の山田真哉さん「はじめてのえいぎょう」は書店だった
『会社でパッとしない人の「うだつ」の上げ方――〝好きなこと〟で人生一発逆転』小関敦之（東洋経済新報社）
『築地で食べる――場内・場外・〝裏〟築地』小関敦之（光文社新書）
産経ニュース２０１８年６月７日　世界でただ一人の〝サメジャーナリスト〟ＩＴ企業のＯＬはこうして海の王者に魅せられた

『ほぼ命がけサメ図鑑』沼口麻子（講談社）
SELFTURN ONLINE２０１７年７月28日　日本の伝統産業に光をあてる。「職人醤油」、高橋万太郎氏
『士業で成功するアナログ営業術！』杉井貴幸（ごま書房新社）
『「ない仕事」の作り方』みうらじゅん（文春文庫）
PLST Magazine２０１７年６月13日　ＭＢ氏に聞く〈第１回〉「なぜファッション理論を発信し続けるのか？」
福井の地域情報発信メディアサイト　フクブロ２０１５年３月６日　クラウドファンディングでも成功！押し花 iPhoneケースを販売している福井のクリエイター　宮地正明
チエネッタ２０１８年６月27日　インスタグラムで大ブレイク！手作り作家のＳＮＳ活用術
PR Table２０１７年12月７日　株式会社ルカコ　ママの困り事から5万円を元手にママの商品、ママ雇用を。「起業」を選んだママの軌跡
『メモで未来を変える技術――たった１００円で潜在意識の扉を開く』小野正誉（サンライズパブリッシング）
『丸亀製麺はなぜ№１になれたのか？――非効率の極め方と正しいムダのなくし方』小野正誉（祥伝社）
日刊シティ情報ふくしまWeb２０１８年９月17日　昭和の名曲がズラリ！ティーナ・カリーナの笑って泣ける「ひとり昭和歌謡祭」
Web Rock Magazine BEEAST２０１２年９月８日　話題沸騰のシンガーソングライター、ティーナ・カリーナとは
朝日新聞デジタル２０１７年８月３日　タモリの元付き人は〝だいたい4、50歳〟。謎多き芸人・岩井ジョニ男の知られざ

る半生
日刊SPA!2018年6月9日　〝インスタ映えおじさん〟岩井ジョニ男の写真が若い女子に支持されるワケ
『アソビくるう人生をきみに。――好きなことを仕事にして、遊ぶように生きる人生戦略』あんちゃ（KADOKAWA）
『いつやるか？　今でしょ！――今すぐできる45の自分改造術！』林修（宝島SUGOI文庫）
NHK「SWITCHインタビュー　達人達」2013年12月14日　林修×岩瀬大輔
『藤原和博の必ず食える1％の人になる方法』藤原和博（東洋経済新報社）

その他、各種企業サイト、個人サイト、ブログ等を参考にさせていただきました。

謝辞

何よりも、カバーに『ゴルゴ13』のイラストをご提供いただいた、さいとう・たかを先生に感謝申し上げます。また、多くの読者に「自分マーケティング」の重要性を理解してもらうという趣旨のもと、事例として取り上げさせていただいた多くの皆様にも感謝です。ありがとうございます。

切りとり線

★読者のみなさまにお願い

この本をお読みになって、どんな感想をお持ちでしょうか。祥伝社のホームページから書評をお送りいただけたら、ありがたく存じます。今後の企画の参考にさせていただきます。また、次ページの原稿用紙を切り取り、左記まで郵送していただいても結構です。

お寄せいただいた書評は、ご了解のうえ新聞・雑誌などを通じて紹介させていただくこともあります。採用の場合は、特製図書カードを差しあげます。

なお、ご記入いただいたお名前、ご住所、ご連絡先等は、書評紹介の事前了解、謝礼のお届け以外の目的で利用することはありません。また、それらの情報を6カ月を越えて保管することもありません。

〒101-8701（お手紙は郵便番号だけで届きます）
祥伝社新書編集部
電話03（3265）2310
祥伝社ホームページ　http://www.shodensha.co.jp/bookreview/

★本書の購買動機（新聞名か雑誌名、あるいは○をつけてください）

＿＿＿＿新聞の広告を見て	＿＿＿＿誌の広告を見て	＿＿＿＿新聞の書評を見て	＿＿＿＿誌の書評を見て	書店で見かけて	知人のすすめで

★100字書評……自分マーケティング

名前

住所

年齢

職業

川上徹也　かわかみ・てつや

コピーライター。大手広告会社勤務を経て独立。広告電通賞、ACC賞など受賞歴多数。企業の理念を1行に凝縮する「川上コピー」を得意とし、「物語で売る」手法を体系化した「ストーリーブランディング」を開発。これらの手法を個人のキャリアに応用した「自分マーケティング」のノウハウをメルマガなどに発信したことで、さまざまな年齢のビジネスパーソンからキャリア相談を受けるようになった。著書は『物を売るバカ』『1行バカ売れ』『自分の言葉で語る技術』など多数、海外でも多数翻訳されている。

自分《じぶん》マーケティング

――一点突破《いってんとっぱ》で「その他大勢《たおおぜい》」から抜《ぬ》け出《だ》す

川上徹也《かわかみてつや》

2018年12月10日　初版第1刷発行

発行者……………辻 浩明

発行所……………祥伝社しょうでんしゃ

〒101-8701　東京都千代田区神田神保町3-3

電話　03(3265)2081(販売部)

電話　03(3265)2310(編集部)

電話　03(3265)3622(業務部)

ホームページ　http://www.shodensha.co.jp/

装丁者……………盛川和洋

印刷所……………萩原印刷

製本所……………ナショナル製本

Printed in Japan　ISBN978-4-396-11557-9　C0234

〈祥伝社新書〉
経済を知る

533
業界だけが知っている「家・土地」バブル崩壊
1980年代のバブルとはどう違うのか、2020年の大暴落はあるのか
不動産コンサルタント
牧野知弘

498
総合商社　その「強さ」と、日本企業の「次」を探る
なぜ日本にだけ存在し、生き残ることができたのか。最強のビジネスモデルを解説
専修大学教授
田中隆之

394
ロボット革命　なぜグーグルとアマゾンが投資するのか
人間の仕事はロボットに奪われるのか。現場から見える未来の姿
大阪工業大学教授
本田幸夫

478
新富裕層の研究　日本経済を変える新たな仕組み
新富裕層はどのようにして生まれ、富《とみ》のルールはどう変わったのか
経済評論家
加谷《かや》珪一《けいいち》

503
仮想通貨で銀行が消える日
送金手数料が不要になる？　通貨政策が効《き》かない？　社会の仕組みが激変する！
信州大学教授
真壁《まかべ》昭夫